歴史文化ライブラリー
112

江戸と上方

人・モノ・カネ・情報

林 玲子

吉川弘文館

目次

江戸時代の商品流通――プロローグ

私の研究者としての仕事は経済史の分野からはじまり、商品流通史にまず手をつけた。働きながら大学院に通ったためもあって、身近にある史料に頼らねばならないという事情もあった。

社会の変動と商家文書

江戸時代から明治・大正期にかけて研究してきたなかで感じた点を最初に少しあげてみたい。

私たちは現代社会の渦中に生きているので過去を振り返るとき、いま遺《のこ》っている史料や考え方からなかなか抜け切れない。多くの人はトヨタ・ニッサンといえば自動車会社として出発し、最初からトップクラスの企業だったと思うだろうし、三越《みつこし》・大丸《だいまる》などが現在もデパートとして江戸時代からつづく経営体であることから、はじめから豪商として有名だったと考えはしないだろうか。

しかし私の生きてきたこの数十年間をみれば、その社会変動や個人価値観の揺らぎは恐しいほどである。これほどの変化ではなかったにせよ、二七〇年近い江戸時代がずっと同じような社会であったはずはない。そこで私は、歴史的な事柄を取り上げる場合、基本とする材料はその当時に書かれたり作られたものを中心にする必要があるし、またそれらのものが誰によってどういう目的のため作り出されたか考え、慎重にあつかわねばならないと思うのである。現今でも事実を隠し、いろいろな効果を狙って行動する人が多いし、税務署向けの資料や、企業の上司あての書類には眉にツバをつける必要があるが、江戸時代でも同じ事情があるだろう。

その意味で江戸時代の商家文書は信用してよい側面が多いといってよかろう。ただ注意しなければならないのは、自家の伝統を誇るためあまり証拠もないのに前々からの由緒を麗々しく並べ立てたり、支配層に報告するため改竄《かいざん》する例が少なくないことである。そのため私は、対象とする年代に書かれたもので、できるだけ内部史料に頼ることにした。以下は基本的に私が各地の商家に遺っていた古文書を自分なりに分析しまとめたものである。

もっとも現在の私の考えによるため、その歪《ゆが》みがあるのは避けられないが、使った当時史料は「史料集」として公開されたり、これから印刷・刊行しようと思っているので、後代の人はそれらによって書き改めていただきたい。

商品流通の四つの型

江戸時代の商品流通のあり方は、私の考えでは大きく分けて四つの型があったと思う。第一は十七世紀前半、江戸初期の型で、当時の支配層と結びついた「初期豪商」や、海外からの輸入を握っていた権力が流通を独占的に把握しており、商人が独自に動くことを許さなかった態勢下の時代のものであったといえよう。もっとも私自身がこの期の商家史料を系統的に調査してはおらず、他の研究者の仕事によるしかないので確言できないが、後年のものとは異なる型であったと思う。

第二の型は十七世紀中葉以降のもので、私はこの期に「点と線の商品流通」というあり方があったとみている。どうしてこのような変化が生じたかをはっきりと裏付けることができないのは残念であるが、おそらく当時の農村の胎動が背後にあり、人口の大部分を占める庶民層を結ぶ商品流通がはじまったためであろう。具体的な動きは後にのべるが、幕府が設定した諸藩や領主層の枠《わく》に縛られることなく、各地の農民や商人が連絡し合い、かなり遠距離にわたって商品が動きはじめる。ただしその結びつきは固定的なものではなく、点である商人があつかう商品は雑多な物であり、流通拠点にいた問屋層もそれに見合った性格の商人群であった。

第三の型は十七世紀の終りごろ、いわゆる元禄期から十八世紀終末にかけてが最盛期だったもので、私はこれを「網の商品流通」と呼びたい。この期の問屋層のなかには、現在までつづく経営体や豪商として有名だった家も少なくないので、江戸時代の代表的な商業のあり方とみなされている。第二から第三に型が変わるとき、問屋層の急速な変動があり第二のあり方がほとんど無視されたし、第三の型で長く力を持った商人のなかには十七世紀後半から家業をはじめていた家があったことなどから、第三の型が近世のほぼ全体をおおっていたと考えられたのであろう。「網の商品流通」と名づけたのは、近世商品流通の重要集散地である三都（大坂・京都・江戸）に問屋層がおり、各地の庶民層が生産した商品を組織的に集荷し、それらを組織を通じて末端消費者に販売する形が私には網を思わせたからである。この組織ははじめからできあがっていたのではなく、長期にわたって各商品ごとに徐々に形成され、網の要《かなめ》ともいえる問屋は富を蓄積して支配権力と結びつき、強い規制力を網の目にあたる商人たちに及ぼしたのである。

この組織を崩す動きが十八世紀終りごろから十九世紀にかけて、都市でも農村でもみられるようになる。この新しい動きを示す型を私は「面の商品流通」と呼びたい。この時期になると、網の組織に縛られず、商品が都市の商人層を経由せずに生産地から消費者に送り出される事態が各地にみられるようになり、領主が農村としてあつかっていた地域が商品流通の拠点となる場合も少なくない。この動きに対して、第三の型を継続しようとする層は支配者の権威を背後に、年中訴訟沙汰《ざた》を起こしたため各種の史料が遺されている。

この第三・第四の型は完全な交代とはならず、幕府の政策変化もあって複雑なからみ合いのなかで幕末を迎え、近代社会に入っていく。生産内容や経営者が変わり、外国との新しい関係がはじまって商品流通も大きくカーブする。しかし日本社会の特徴であろうか、江戸時代からの継続面が各所にみられるのであるが、本書は近世に焦点をしぼることにした。

点と線の商品流通

江戸の荷受問屋

西と東を結んだ繰綿

第二の型の「点と線の商品流通」で、もっとも目立つのは繰綿《くりわた》とそれを紡織した木綿《もめん》ではないかと思うので、まずこれらを取り上げてみよう。

江戸時代の衣料として広く使用されたのは木綿である。中世まで庶民は麻を主に使っていたが、戦国時代末期に国内での綿の栽培がはじまり、急速に衣生活が変貌した。木綿はそれまでは朝鮮地方からの輸入品が主であって、庶民の手がとどかぬ貴重な品だったのである。しかし十七世紀前葉には、庶民は布（麻）・木綿を着るようにと幕府が命じるほど、木綿の使用は一般的なものとなっていた。綿の栽培も全国各地でみられるようになり、農村では木綿衣料を自給することが広く行なわれるようになったのである。

しかし、もともと暖地の産物である綿は寒冷地では栽培できず、また耕地の種類や施肥によって収穫高が大きく相違し、十七世紀の段階では生産地がかなりかたよっていた。大和《やまと》・摂津《せっつ》をふくむ畿内地方、伊勢・尾張・三河をふくむ東海地方は綿の栽培がもっともさかんな地域であり、自給だけでなく他地域に供給する役割を担うことになる。特に綿作のできない奥羽地方の需要にこたえたのは、これら先進地帯の繰綿・木綿であった。

綿からつまれた綿花は、中心の種子のまわりに繊維部分がふんわりとついている。ろくろと呼ばれる綿繰り器で種子と繊維部分とを分離するが、種子は灯火に用いる白油の原料になり、繊維部分は繰綿《くりわた》と呼ばれ、綿糸の原料となった。畿内では在郷町《ざいごうまち》で綿繰りがさかんに行なわれ、繰綿荷となって諸国に送り出されたのである。各地の農村では、製品である木綿ではなく、繰綿を入手してこれから糸を紡《つむ》ぎ、いざり機《ばた》で織って衣料とすることが多かった。そのため、東国地域の窓口である江戸には大量の畿内繰綿が流れこむようになったのである。

常陸《ひたち》国にある筑波山の西側に真壁《まかべ》という笠間藩《かさまはん》の在町があった。またそこから三里ほど西北に行くと、下館《しもだて》という下館藩の城下町がある。この真壁・下館に十七世紀中葉以降の繰綿流通に関する史料が遺されていた。それによると、関東のこの地域の商人が仕入れる繰綿は、最初は大和国産のものだったらしい。下館の城下町商人中村兵左衛門《ひょうざえもん》家には明暦元年（一六五五）から延宝四年（一六七六）の間に八通の店卸《たなおろし》（決算書）が遺っており、それらによると大和に数千両におよぶ為登金《のぼせきん》を送って繰綿を仕入れたらしい。また、真壁の中村作右衛門《さくえもん》家には、寛文七年（一六六七）と推定されるものにはじまり、ほぼ一世紀間の店卸が遺されているが、その最初のものから大和への為登金があったことが記されている。その送り先の商人名がはっきりするのは延宝七年以降であり、和州丹波市《たんばいち》の石橋太郎右衛門の名がみられるようになる。

では石橋のような大和繰綿問屋と、関東の城下町・在町商人との取引は、まったく直接的なものだったのだろうか。これに対する答えも両中村家の店卸によらねばならないが、大坂・江戸に両家所有の商品・現金があること、そしてこれらをあつかう大坂・江戸の問屋たちがこの取引につねに介在していたことがわかる。大坂では桑名屋、江戸では鎌倉屋・結城《ゆうき》屋の名がしばしば現れる。

この江戸の問屋と大和の繰綿問屋との関係を示すものに、元禄三年（一六九〇）の繰綿買金出入に関する中村作右衛門家文書がある。それによると、常州真壁の中村作右衛門・佐藤三郎兵衛、常州久下田《くげた》町の日向野平内、下総《しもうさ》国結城《ゆうき》の砂岡三右衛門・同次郎左衛門・

中里八三郎・安岡作左衛門の七名が、和州丹波市の繰綿買問屋石橋太郎左衛門を相手として幕府評定所に訴え出たらしい。訴状によると、七人から合計四一五両一分余の繰綿買金を送っているのに、太郎左衛門がにわかに身上がかたむいたという理由で、荷物・金子《きんす》などを渡すことができなくなったという。遠国であるため、状通だけで多額の金銀で取引しているのに、不埒《ふらち》な我儘《わがまま》を申し、困惑しての訴えであると訴状はのべている。これによって、石橋と取引していたのが、真壁の中村家だけではなく、周辺の久下田や結城の商人たちもふくむものであったこと、そのころまでは繰綿の仕入にあたって関東の商人たちは前金を登《のぼ》していたことがわかる。

この訴状は元禄三年（一六九〇）七月十日の日付であるが、同年九月十三日の「手形之事」によると、八月二十五日に太郎右衛門は幕府の評定所《ひょうじょうしょ》に出頭を命ぜられていた。しかし本人は病気という理由で、代りに丹波市の上田九郎左衛門・田村四郎兵衛・油屋次郎左衛門代徳兵衛の三人が江戸に下ってきた。いずれも繰綿買問屋の者らしい。そして江戸で、永倉三郎兵衛・松葉屋七兵衛・河村半右衛門・鎌倉屋市左衛門の四人に頼み、内済《ないさい》（和解）の仲立ちになってもらい、上方での負債の落着について詫びがかない、金子も丹波市の三人を通じて返されることになった。当時の民事訴訟の多くは評定所での裁決にい

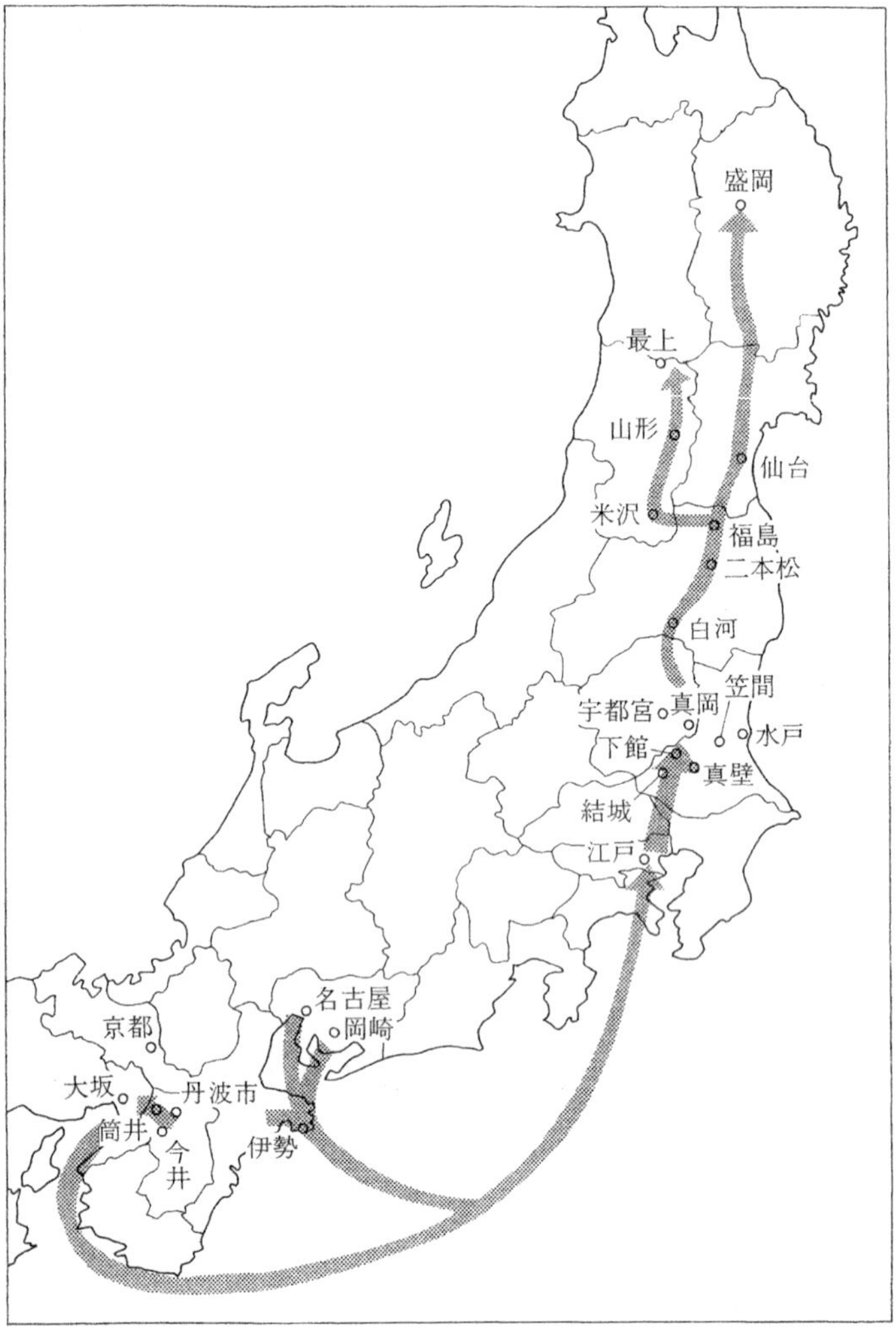
盛岡
最上
山形
仙台
米沢
福島
二本松
白河
笠間
宇都宮
真岡
水戸
下館
真壁
結城
江戸
名古屋
岡崎
京都
大坂
丹波市
筒井
今井
伊勢

図1　綿の道

たる前に当事者同士で内済の相談がなされる場合が多く、この繰綿買金出入（訴訟）も江戸の四人の商人が間に入ることによって内済となったのである。

この四人のうちの一人である鎌倉屋市左衛門については、後にさらにくわしく取り上げることとするが、河村半右衛門を除く三人は諸色《しょしき》問屋として当時の江戸案内記に名を連ねている。畿内と関東を結ぶ環として、大坂・江戸は十七世紀中葉には重要な地位にあったのであるが、江戸の場合、諸色問屋の果たす役割が大きかったのである。

この常陸・下総に江戸を経由して流入した繰綿は、関東のこの地域のみならず、さらに仙台・福島・白河・二本松など東北地方へと送られた。江戸川・利根川・鬼怒川と河川を利用しての繰綿輸送が、真壁・下館からは陸上に変わり、荷駄《にだ》として北上したのである。東北向けの繰綿がこの地域の商人を中継して送られたのは、こうした輸送上の接点に彼らがいたためかもしれない。

江戸木綿売場問屋

衣料としての木綿は麻より暖かく肌ざわりもよいうえに、染めつけでいろいろな工夫ができることから、農民をはじめとする庶民だけでなく、一握《ひとにぎ》りの高級武士や公家《くげ》たち以外の武士層も大部分が利用した。たとえば真壁の領主がいた笠間の城下町を示す宝永二年（一七〇五）の「町方軒別書上《まちかたのきべつかきあげ》」によれば呉服屋《ごふくや》は一軒もなく、繰綿売《くりわたうり》四軒、綿打《わたうち》六軒、紺屋《こうや》七軒、仕立屋《したてや》五軒、古着屋《ふるぎや》一軒がおり、真壁の中村家から繰綿を「かり」の形で買ってその代金支払いが未払いとなったまま、店卸に年々売掛《うりか》け金として記され、ついには取立て不能で「かけ捨て」となった武士たちがいたことがわかる。豪華な京織物を身にまとえるのはほんの一部で、武士をふくめ人びとの大部分は十七世紀には麻・木綿の衣類を身につけていたのである。

そのため、江戸の町内だけでなく、奥羽地方までふくめた東国一帯での木綿需要量は莫大なものであったろう。江戸には木綿をあつかう問屋として、十七世紀前半から四軒の店が大伝《おおでん》馬町《まちよう》に成立していた。升屋《ますや》七左衛門・久保寺四郎左衛門・赤塚屋善右衛門・富屋四郎左衛門のうち、富屋は十七世紀後半には消え、三軒は木綿生産地の商人たちから販売を依頼され、売先からあつかい量によって口銭《こうせん》を受取る荷受《にうけ》問屋として営業していた。大伝馬町にはこの売場問屋と取引するため、生産地に基盤を持つ仲買層が問屋と並び店を構えるようになり、なかでも伊勢出身が主流となった。川喜《かわき》多《た》久太夫のように寛永期から進出したという由緒を持つ店もあるが、店卸で営業状況がわかるのは同家をふくめて十七世紀六〇年代からである。

地方の商人たちのなかには下館・真壁の両中村家のように、木綿をあつかうときには売場問屋としか取引しない者もいたが、別に規制があるわけではないので、大伝馬町の木綿仲買と取引する小売商がだんだんふえてくる。大伝馬町に遺る史料によると、貞享三年（一六八六）に七〇軒の仲買が問屋と称するようになったという。仲買は売場問屋と違って自分の資本で商品を仕入れ、買手に販売する商法であり、仕入問屋として成長していく。もっとも現在と違って現金売りではなく、掛売りであるため、「売掛け帳」が必ず作られ、それによって私たちは販売先を知ることができる。もっとも住所なしの店名だけが記されている場合が多く苦労するのであるが……。

三軒の売場問屋はまず北関東・奥羽方面への販売をやめることを仕入問屋兼仲買たちから強要される。もし承知しなければ売場問屋とは取引しないというのである。地方小売商と直接取引できるようになれば、もはや荷受問屋としての売場問屋は必要な存在ではなくなったのだった。中奥売りといわれた売場問屋の販売圏のうち、仙台・最上《もがみ》・南部・宇都宮の四ヵ所を除き、白河・須ヶ河・会津・二本松・福島の五ヵ所は仕入問屋の握るところとなった。その後も争いがつづけられ、売場問屋は顧客層が大幅に減少したらしく営業状態が急速に悪化し、破産する店がある一方、十八世紀に入って新しく売場問屋を出した家もやがて消滅した。真壁の中村家が晒《さらし》木綿を出荷した新売場問屋もその一軒である。

売場問屋当時の店名を後代までつづけることができたのは升屋七左衛門だけであるが、その営業方法は荷受問屋としてではなく、仕入問屋のやり方に変えたため、家業継続が可能だったのだろう。もっとも、木綿問屋の町となった大伝馬町一丁目内での仲間取引はかなりさかんであったことが他家史料で確かめられるので、升屋が町内での介在的な役割を担ったことも考えられる。

江戸諸色問屋鎌倉屋

元禄期ごろまでの江戸には諸色《しょしき》問屋と呼ばれる商人たちがおり、活発な営業活動を行なっていた。貞享四年（一六八七）刊の『江戸鹿子《かのこ》』には、米・油・綿（繰綿）をあつかう一四軒の諸色問屋があげられており、元禄十年（一六九七）刊の『国花万葉記《こっかまんようき》』にも、江戸諸色問屋として米・油・綿・木綿をあつかう一四軒の問屋名が記されている。前にのべたように、十七世紀後半には大坂・江戸を経由して畿内産の繰綿が東国一帯に流入していたが、江戸でそれをあつかう商人は繰綿商いを専業とする者ではなく、米・油・木綿など諸色＝諸商品をあつかう問屋たちであった。繰綿・灯油は十八世紀前半の江戸では、全面的に大坂から供給されていたし、木綿は畿内および東海地域からの下《くだ》り商品である。大坂に集中した諸国米は、東国の米価の動向に応じて江戸にも送られてきた。つまり、この江戸の諸色問屋は大坂から廻船によって運ばれてくる諸色＝諸商品をあつかうことを営業の主眼とする問屋であった。おそらく、十七世紀後半の江戸ではこの諸色問屋が問屋のトップクラスとみなされていたのだろう。

この諸色問屋の具体的な営業活動を、前にあげた下館・真壁の両中村家の史料によりみてみよう。畿内の繰綿を仕入れるため、両中村家は江戸の商人の仲介を必要としたが、その一人に鎌倉屋市左衛門という諸色問屋があった。『江戸鹿子』『国花万葉記』のいずれにもその名がみられる鎌倉屋は、十七世紀後半から十八世紀初頭にかけて両中村家と取引している。たとえば、摂津平野郷の繰綿を仕入れようという場合、下館の中村家は江戸の鎌倉屋に注文する。鎌倉屋は平野郷の繰綿問屋への注文状を送るが、その状賃も立替えている。注文をうけた繰綿問屋は中村家あてに繰綿荷を送り出すが、大坂で菱垣廻船《ひがきかいせん》に積みこむために大坂の積問屋の手をへることが必要であった。多くの場合、大坂の桑名屋与市という問屋を利用している。

大坂と江戸を結ぶ菱垣廻船は、繰綿以外の各種商品も積みこむが、当時の航海事情は危険が多く、しばしば難船という憂目をみた。船が沈まないまでも、積荷を海上に投棄して船荷を軽くするという処置がなされることがあり、これら海損の費用も船賃とともに鎌倉屋が中村家に代って廻船問屋に支払っている。こうした海難の被害を最小限とするため、繰綿荷を一隻の廻船にまとめて積みこむことを避け、何隻かに分散させて輸送しているが、その配分などは桑名屋与市のような積問屋によってなされたものと思われる。

江戸に着荷した繰綿は、鎌倉屋市左衛門の手をへて常陸へ送られた。その輸送には多く川船が利用され、江戸川・利根川・鬼怒川を経由して下館近くの河岸《かし》に荷揚げされる。廻船から積みおろすときに使うはしけ舟の賃銭や川船賃も鎌倉屋が立替えているので、下館に繰綿荷が着くまでの全行程に鎌倉屋が関係していたといえる。なお、酒や水油の場合には船賃だけでなく駄賃《だちん》も立替えている。

次にこの繰綿代金の支払であるが、中村家から直接平野に送金するのではなく、すべて鎌倉屋を通じて決済された。送金方法は為替手形《かわせてがた》ないし現金であり、数軒の繰綿問屋に支払うためにまとまった金額を桑名屋与市へ送り、そこから配分するというやり方がなされた場合もある。繰綿問屋からは、繰綿代金・口銭《こうせん》・包装賃・駄賃・廻船運賃をふくめた請求書である仕切状《しきりじょう》が中村家に送られてくるが、その合計金額の受取為替を鎌倉屋あてに取組んだことが記載されており、送金は鎌倉屋からなされる約束であった。鎌倉屋から桑名屋への送金が何回か行なわれ、繰綿問屋への支払がなされたのち、どれだけの金額がどういう方法で鎌倉屋から送られたか、それをどのように支払ったか、そしてその差額がいくらであるかという差引目録が桑名屋から中村家に送られて決済にいたっている。

このように畿内と関東を結ぶ繰綿取引は、輸送および代金支払に関して大坂・江戸の荷受問屋が不可欠の存在となっている。特に江戸の鎌倉屋市左衛門は、中村家の江戸代理店といった役柄を果たしていた。繰綿以外にも、酒・水油・塩・材木など諸種の商品取引に介在するとともに、茶・まんじゅう・ようかん・ぶどう・かき・鯛・そば粉など、下館では手に入れるのが難しい食物類を中村家に送っている。また、中村家の者が江戸に出府したさい、手持ちの金子が不足したような場合には鎌倉屋で補充してもらうこともできた。

宝永元年（一七〇四）一年間に鎌倉屋が中村家に立替えた金額は総計一五五両にのぼっている。ただし、このなかには畿内への繰綿代金支払などはふくまれていない。立替分である繰綿のはしけ賃は四四四駄分として銀一二〇匁一分であり、さらに一〇回の海損があって一二〇両近くが海損勘定として支払われているので、この年は五〇〇駄ほど中村家は畿内から繰綿を買ったものと推定できる。一〇件の海損勘定のうち、八件が繰綿一〇駄の元値を八三両としているので、五〇〇駄の元値をこれで換算すると買入総価額は四一五〇両となる。中村家一軒だけで四〇〇〇両前後の繰綿をあつかっているのであり、このような取引先を多数持ったであろう鎌倉屋の営業高が多額にのぼったことが推測できる。しかも、諸色問屋である鎌倉屋市左衛門は、米・油・木綿など大坂からの下《くだ》り商品を何でもあつかうのであり、さらに江戸に集荷される地廻り物や東北産の商品も注文主の要望に応じて買付けている。下館の中村家は、大坂で米子米・高田米を売買して利金を得るが、その実際の取引は桑名屋与市が行ない、利金は鎌倉屋に送っているので、注文はすべて鎌倉屋を通したものと思われる。また、江戸で仙台米を買入れるため、中村家は代金・蔵入賃・舟賃・水上賃を合わせて鎌倉屋に渡しており、米の取扱量も相当なものであったろう。後述の江戸十組結成当時には、鎌倉屋は米問屋として記録されているのである。

真壁の中村家も鎌倉屋と取引していたことが連年の店卸《たなおろし》によってわかる。鎌倉屋の名がはじめてみられるのは貞享二年（一六八五）であり、正徳二年（一七一二）まで記載があるが、あつかっている商品は繰綿・米・大豆などである。大和へ繰綿仕入のための金子を送ることを鎌倉屋に依頼したらしく、「和州走り金、かまくらやまで」として金一〇〇両が書出されたり、江戸で米を買入れたらしく、「かい置米有、かまくらや分」として九〇〇両が記載されたりしている。中村家と鎌倉屋の間の金銀出入は通帳に記載されたらしく、年によっては中村家の方が通表では借勘定となっており、鎌倉屋が立替払をすることも多かったようである。さらに、後述する鈴木源兵衛を通じての三河木綿仕入にも鎌倉屋は介在しており、元禄十一年（一六九八）には二〇〇〇両近くの金子が鎌倉屋に渡されている。

おそらく十七世紀後半の江戸商人のなかで、問屋として自他ともに認められた最大の商家はこの諸色問屋であったのだろう。西国と東国を結ぶ商品流通の要《かなめ》の役割を果たすこととなり、畿内にも関東・東北にもその名は響いていたと思われる。しかし、鎌倉屋もふくめて諸色問屋の名は急速に忘れ去られた。代って問屋として豪富を誇るようになるのは、それぞれ専門の商品をあつかう専業問屋であり、彼らは仕入をみずからの資金で行なう仕入問屋として、荷受問屋にとって代った。では鎌倉屋のような諸色問屋＝荷受問屋は十八世紀以降どのような道を歩んだのであろうか。

江戸の町触《まちぶれ》を記録した『正宝事録《しょうほうじろく》』という史料があり、その享保四年（一七一九）の項に、品川表澪杭《みおぐい》出銀に関して江戸廻船問屋六〇人の名前が列記されているが、そのなかに鎌倉屋市左衛門の名を見出すことができる。鎌倉屋だけでなく、『江戸鹿子』『国花万葉記』にみられた一四軒の諸色問屋のなかにいる丸屋久右衛門・鳥居九兵衛・白子屋三十郎もふくまれており、さらに屋号や名前から諸色問屋の後身でないかと思われるのが五軒もあるのであって、十七世紀後半期の諸色問屋は十八世紀前半には廻船問屋に変身したものが多かったようである。ただし、江戸の廻船問屋は大坂のそれとは異なり、廻船の運航を支配するのではなく、下《くだ》り商品をはじめとする廻船荷の荷受を行なうのが主要業務であるから、諸色問屋の持つ商業機能と運輸機能のうち、前者の機能を消失した姿が廻船問屋として現れたといってよかろう。こうした転換は、十七世紀後半にみられた西国と東国とを結ぶ商品流通のあり方が変化したこと、江戸内部における仕入問屋の台頭などが原因と想定しているが、いずれにせよ江戸入津《にゅうしん》の下り荷をあつかう問屋層の交代であり、江戸商業における下り荷の重要性がその背景にあったのである。

江戸荷受問屋
鈴木源兵衛

真壁の中村作右衛門家が江戸で取引先としたなかに、伊勢町の鈴木源兵衛という商人がいる。中村家の店卸にその名がみられるようになるのは元禄五年（一六九二）がはじめであり、以後連年源兵衛方に差引勘定の残りがあることが記されるようになる。中村家と鈴木源兵衛との間で、どのような取引があったかを示すものとして、「金銀請払手形」という帳面が四冊遺されており、元禄十一年、元文四年（一七三九）、寛保二年（一七四二）、寛保三年と、元禄期のものは一冊しかないが、それによってこの期に鈴木源兵衛がどのような商業活動を行なっていたかをみてみよう。

元禄十一年一年間に、鈴木源兵衛が江戸で中村家から受取った金額は四八四八両余にのぼった。元禄十一年九月の中村家の店卸によると、回収不能となった貸金の焦げつき分を除く総資産（居宅などの不動産は除く）は六七三二両であるから、回転資金ではあるがかなりの金額を中村家は源兵衛に託したことになる。そのうち四割弱は太兵衛という飛脚《ひきやく》により、真壁から届けられたが、そのほかにも真壁の者を通じて渡された場合があり、半分以上は真壁からの直接送金であった。ただし、鎌倉屋与右衛門・結城屋太郎兵衛など江戸荷受問屋から受取ることもあった。店卸によると、貞享二年（一六八五）に鎌倉屋与右衛門方に真綿《まわた》三駄（金一六八両にあたる）がある旨が記されている。また、市左衛門か与右衛門かわからないが、元禄・宝永期の店卸に鎌倉屋とだけ記されているなかに、繰綿・米・大豆の在庫品がふくまれていることから、畿内産物だけでなく、関東産の物をあつかうことを江戸荷受問屋は行なっており、売却を中村家から依頼されたのでその売上金を鈴木源兵衛に渡したのではなかろうか。また、江戸大伝馬町の荷受木綿問屋である久保寺清兵衛から八〇両近くの金を受取っているが、元禄期には中村家は真岡晒《もうかさらし》を江戸に出荷しているので、それらの代金を中村家に代って鈴木源兵衛が受取ったことが考えられる。

この四八四八両余の受取金のうち、四六三二両が支払われているが、もっとも大口の支払先は鎌倉屋市左衛門で、一九六三両におよぶ。そのほか銭・米・大豆などの取引に関係したらしい結城屋太郎兵衛に四六四両余、大伝馬町木綿問屋の久保寺喜三郎に一五〇両が支払われている。そのほかには、三河の木綿問屋一〇軒に一二〇〇両弱が渡されており、江戸および三河の問屋との取引に鈴木源兵衛が介在していたことを示している。木綿の取引量が多いことは、木綿荷二二二箇（一箇は一〇〇反）の蔵敷料や、七一駄の河船賃を中村家に代って支払っていることからも推測される。

木綿と並んで取引額が大きかったのは繰綿であろう。おそらく鎌倉屋市左衛門への多額の支払は繰綿取引に関したものであろうが、そのほかにも七〇駄の繰綿代金として五九一両ほどが支払われ、一一八駄分の河船賃、七〇駄分の持賃が支出されている。このほか、銭が商品同様の形で真壁に送られたらしく、江戸から鬼怒川の河岸である宗道《そうどう》までの船賃や、江戸で河船に積みこむまでの持賃が何度か支払われている。なお、備後表《びんごおもて》・ござ・琉球表・かたびら・帯・氷砂糖・唐がらし・傘・筆・ろうそく・せった・脇差などを中村家の注文に応じて江戸から送ったり、京都に絹染を依頼する仲継ぎをするなど、江戸でなければ入手しにくい諸品の購入や、上方への注文のための窓口の役割を鈴木源兵衛は果たしている。

ここで注目されるのは、中村家が大伝馬町の木綿問屋のなかでも荷受問屋としか取引していないことであり、この傾向は十八世紀に入っても変わらなかった。前述したように、大伝馬町には古くからの売場問屋である荷受問屋と、仲買兼業の仕入問屋とがあり、元禄・宝永期には三河からの仕入や、江戸以外の地域への販売をめぐって両者の対立が激しくなっていた。鈴木源兵衛は関東・東北商人の依頼により、三河木綿の買付けと在地への輸送を担当したところから、大伝馬町の仕入問屋たちから妨害されたらしい。年次は不明であるが、中村家に遺る源兵衛の書状によると、三河での木綿仕入や仙台への送り荷について大伝馬町から文句が出たらしく、それに対して仙台やその他の地域の取引先が一致して鈴木源兵衛の肩をもったらしい。そのため、源兵衛は代々勤めてきた家業を廃《や》めることなく、木綿荷物支配を継続できるようになったという礼状を真壁に送ったのである。なお、三河から見本の木綿が江戸に入津《にゅうしん》したので仙台に送ったことや、三河の新問屋三軒に三〇〇〇両余も登《のぼ》せたことがのべられており、三河から仙台にいたる木綿流通に江戸の鈴木源兵衛・常陸の在町商人が介在していたことを示している。

ただし、江戸で仕入問屋が成長し、江戸以外の東国各地を販売圏とするようになると、鈴木源兵衛のような荷受問屋は従来の営業をつづけることが難しくなった。享保十年（一七二五）に、江戸木綿繰綿問屋三拾六番組が八月中に東国各地に送る木綿・繰綿荷物の渡し先を書上げたが、そのなかに鈴木源兵衛の名を見出すことができる。三拾六番組というのは、享保九年に幕府が問屋仲間を公認したさいに、十組《とくみ》のなかの通町《とおりちょう》組・内店《うちだな》組所属の問屋のなかで、木綿・繰綿を他の諸商品とともにあつかっていた店が仲間となったものであり、後に白子《しらこ》組と称したものの前身であった。大伝馬町組と異なり、呉服や小間物などの商店が多くふくまれている。この書上げによると、木綿・繰綿荷を三拾六番組所属の仕入問屋が江戸以外の地に送る場合、江戸のなかにまずその荷物を届けている。その届け先は小網《こあみ》町・箱崎町・伊勢町・白銀《しろがね》町・よし町・茅場町・本舟町・八丁堀・堀江町・瀬戸物町・鎌倉河岸・行徳河岸などに点在していた。彼らはそれぞれ取引先の地域がきまっていたようで、なかには野州乙女河岸への送り荷を引受ける乙女屋五兵衛、下総千葉村向けの千葉屋仁兵衛、佐原向けの佐原屋庄兵衛、常州竜ヶ崎向けの竜ヶ崎屋惣次郎、上州向けの上州屋太右衛門・同次郎兵衛、上総《かずさ》向けの上総屋平兵衛といったぐあいに地名や国名を屋号とした者もいた。

鈴木源兵衛は仙台向けの荷物届け先であり、白木屋彦太郎から仙台の加茂屋与左衛門・北村六左衛門・北村専右衛門・長井源兵衛に売渡された二八箇、本町一丁目の太兵衛から加茂屋茂左衛門に売渡された三箇の木綿荷物を受取っている。一方、真壁の中村家との木綿取引は、元文期の請払手形では姿を消しており、仕入問屋が江戸木綿問屋の主流となって、東国各地を販売圏に収めるようになった時期には、鈴木源兵衛は木綿に関しては仙台への輸送のみを引受ける川船積問屋の役割に限定されるようになったらしい。なお、この時点で東国各地向けの荷物を受取った商人たちは、後に奥川積船問屋、奥州船積問屋などと呼ばれるようになった川船積問屋であったと考えられる。鈴木源兵衛も鎌倉屋市左衛門と同じく、商品取引から締め出されて輸送にその業務内容を限られるようになったのである。

ただし、鈴木源兵衛はその後長く営業をつづけることはできなかったらしい。真壁中村家の史料によると、延享四年（一七四七）に源兵衛は破産し、金二八二三両三分の損金があり、家蔵家財を代金二〇〇両で処分して債権者に一〇〇両につき七両余を渡した。中村家は九五五両二分の債権に対し、六七両二分余を割金として受取って同家との関係は完全に切れたのである。

鎌倉屋市左衛門・鈴木源兵衛のように荷受問屋として各地商人である点を結んだ江戸商人は、歴史の波のなかに消え去り、史料のなかでしかその実態を知ることのできない存在となったのだった。

私は二〇年ほど以前から真壁町史編さん委員会に所属しており、「通史は出さずに史料編のみに力を注いでほしい」という町の姿勢に感動し、年間一冊ずつ古代から近代、さらに植物編・文芸編まで出版をつづけているが、真壁中村家その他に遺された近世史料はすべて原史料のまま三冊の近世編に収めてある。鎌倉屋市左衛門・鈴木源兵衛についても店卸・勘定帳はじめ全部収録ずみなので、参照されたい。

山城からの江戸下り

山城国相楽郡の浅田家

大和・摂津をふくむ畿内繰綿《くりわた》と東海地域の木綿が、大坂や東海地域・江戸を経由して奥羽地方にまで商品として移動する道を、私はこれまで「綿の道」と呼んでいた。十七世紀中葉からみられるこの「綿の道」の出発点の一つを畿内農村とみていたので、以前から私はこの地域の史料に関心を持っていた。これにこたえてくれたのが山城《やましろ》国の大庄屋浅田家の厖大《ぼうだい》な文書群である。十六世紀末期から二十世紀初頭にかけての村方文書・経営文書が同家後裔《こうえい》の家々や東京大学経済学部その他に遺されており、周辺町々にも多くの史料があり、現在各町史編さんがすすめられている。私たちはこれら史料を二〇年近くにわたり、研究会・個人として検討し、論文集『近世・

近代の南山城―綿作から茶業へ―』（石井寛治・林玲子編、東京大学出版会刊、一九九八年）を出版したので、以下同書を中心に繰綿商品の出発点である地域の状況と、江戸とのつながりを探ってみよう。

現在は京都府相楽郡山城町内となっているが浅田家は長く西法花野《にしほうけの》村の庄屋であった。この地域は中世に山城国一揆が起こった乙訓《おとくに》郡に遠くなく、中世以来の実力者が国人《こくじん》として家臣とともに根を張っていた。浅田家の祖である九郎右衛門は天正年間に上狛《かみこま》村に移住し、近世領主権力は旧来の「惣《そう》」を解体して新しい村落に変えるため、浅田家を元和九年（一六二三）に上狛村四株の一つ西法花野村の庄屋に任命したのである。「惣」は中世に出現した村落共同体で、惣百姓を意味しており、年寄衆が中心となって惣の持つ共有財産や寺社を運営していたのだった。

領主権力と関係があったとはいえ、他村出身の九郎右衛門は上狛村全体の庄屋にはなれなかったが、浅田家は十七世紀後半に田畑の所有高を急速に伸ばしていき、旧来在地の年寄衆だった松井家を追いこしていく。十七世紀前半の階層構成をみると、八〇～五〇軒ほどの村民を持つ西法花野村で一石《こく》以上の持高を示す家は数えるほどで、大部分が五、六斗以下であった。毛付高による史料なので、後世のように田畑の所持面積をまとめた石高に

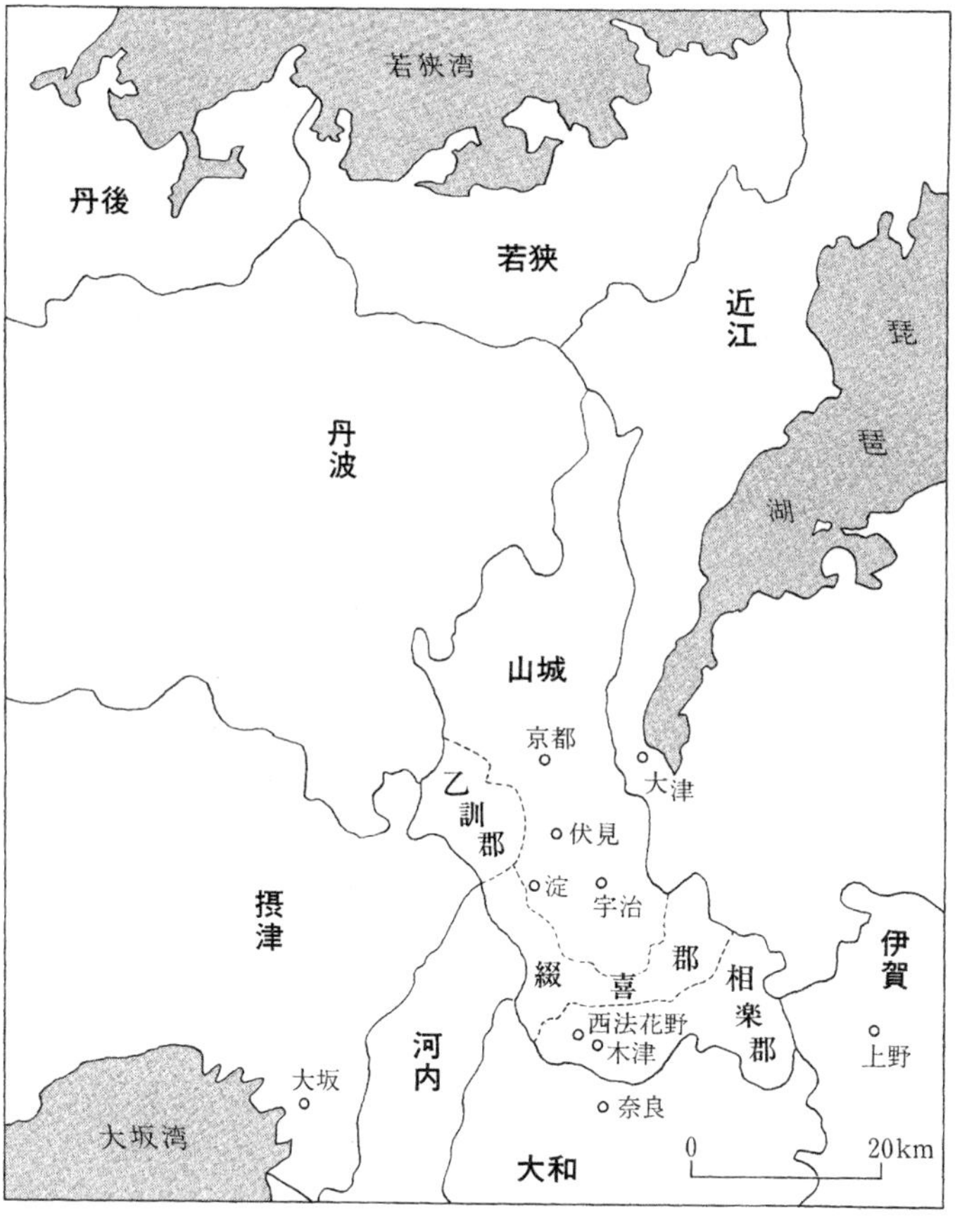
若狭湾
丹後
若狭
近江
琵琶湖
丹波
山城
京都
大津
乙訓郡
伏見
淀
宇治
摂津
綴喜郡
相楽郡
伊賀
西法花野
木津
上野
河内
大坂
奈良
大坂湾
0
20km
大和

図２　浅田家関係絵図

よる階層構成ではないが、少数の高持ちと、共同体成員としての資格を持ってはいるが零細な田畑を耕作する農民たちによって成り立っていた村であったといえよう。

この地域は淀川水系の一つである木津《きづ》川沿いの農村で、京都よりは奈良と近く（図2参照）、山城国とはいえ大和国の経済圏にも属していたといえる。木津川上流は花崗岩《かこうがん》が風化した砂山であるため、しばしば氾濫《はんらん》して被害を受ける村落が多かったが、浅田家は流域の中ほどにあり流れが西から北へ向きを変える扇状地帯の環濠集落内にあったため、水難をまぬがれて史料を遺すことができた。江戸時代は綿作がさかんな農村であったが幕末以降は煎茶の生産地帯となり、今も農村に囲まれた町であって、京都や大坂と社会的・経済的に早くから種々な関係を結び、長く近世領主であった藤堂藩《とうどうはん》下の村として伊賀国上野とも交流があった西法花野村の浅田家は、「点と線の商品流通」の時代には新興都市江戸とも直接的なつながりがあったことがわかったので以下にのべたい。

江戸下りの人びと

十七世紀は、徳川将軍家の城下町江戸が異常ともいえる拡大状態を示した時期であった。十七世紀前半の断片的な史料では京都が人口で第一位、大坂が第二位、江戸は第三位だったのが、同世紀後半には三都人口がそれぞれ三〇万人半ばとなり、十八世紀に入ると江戸町方人口は五〇万人をこえ、江戸住みの武士

表1　三都の人口　（単位：人）

	京　都	大　坂	江　戸
寛永2年(1625)		279,610	
寛永11年(1634)	410,089		148,719
明暦3年(1657)			285,814
寛文元年(1661)	362,322		
寛文5年(1665)		268,760	
延宝7年(1679)		287,891	
元禄5年(1692)		345,524	
元禄6年(1693)			353,588
元禄16年(1703)		351,708	
正徳元年(1711)		379,513	
享保4年(1719)	341,464		
享保6年(1721)		382,866	501,394
享保10年(1725)			462,102
享保14年(1729)	374,449		
元文3年(1738)			468,446
元文4年(1739)		403,724	
寛保3年(1743)		501,166	448,453
延享3年(1746)			515,122
寛延3年(1750)	526,225		
宝暦3年(1753)	526,222		
明和5年(1768)		410,642	508,467
天明5年(1785)		380,416	457,082
寛政4年(1792)		376,009	481,669
文政11年(1828)		376,177	527,293
天保12年(1841)		341,906	563,639
弘化2年(1845)		339,545	557,698
文久2年(1862)		301,093	
慶応3年(1867)			539,618
明治6年(1873)	283,663	271,992	595,908

中部よし子『近世都市の成立と構造』（新生社、1967年）637・640頁による。

や参勤交代制による武士層の増大をふくめれば一〇〇万～一二〇万の世界でも珍しい大都市になったという。

細かい統計資料がないので確言できないが、十七世紀後半の江戸には諸国から諸種の理由で町方の人びとが吹きだまりのように移住したのであろう。後年に多くみられる伊勢・

近江や京都およびその周辺が主流であったとはいえず、各国から流れこんだだろうことは浅田家に遺る史料から推測できる。

同家には貞享二年（一六八五）に作成された二冊の調査書があり、内容はほぼ同じである。そのうちの一冊である「由緒帳」と題された書上げにより、当時の村内の事情をみてみよう。この史料には、他領から西法花野村に養子・婿《むこ》入り・百姓として移住して来た者をあげ、またこの村から他領へ移転した者とその理由、移住してからどうなったかを移転年次・年齢とともにあげている。また、これらの者が村内の者とどういう関係にあったか、またその村内の者がどれだけの持高であったかも書かれているので、流出者の階層も知ることができる。

同種の史料が周辺他町にも遺っているので、藤堂藩領ではこの期に各村から提出させたものと思われる。おそらく年貢を担っている百姓たちが藩の収奪に苦しみ激しく動揺している状態を、為政者が把握しようとしてとった政策の現れであろう。

西法花野村から江戸に下った者は「由緒帳」に六人あげられている。なかには又十郎（六十二、三歳ぐらい）・弟又助（五十四、五歳ぐらい）のように、近江国松川村出身でこの村に四〇年以前の正保三年（一六四六）に来住し、家を借りて日雇い稼ぎをしていたが、二三年以前の寛文三年（一六六三）に江戸へ下った兄弟もいた。二人ともその後行方《ゆくえ》知れずとなり、もし村に帰ってきても立ちよらせないのが村の方針だった。

吉兵衛は持高一石五斗余の百姓次郎三郎の兄で、当村生まれの四十七、八歳の者だが、二八年以前である万治元年（一六五八）に江戸へ下り、やはり行方知れずとなってしまった。以来村にはよりつかず、もちろん本人は田畑を持っていない。無高の惣次郎の兄弥三も三三年以前の承応二年（一六五三）に江戸下りをしたが、吉兵衛と同じ状況である。

この二人は代々西法花野村の住人であった百姓の兄であるが、田畑をまったく所有せず根無し草の有様《ありさま》で江戸にその後も居住できたかどうかわからない。日雇い稼ぎでもしたのだろうか。

これら四人と異なり、江戸で成功したといってよいほど浅田家から出た二人は恵まれていた。「由緒帳」作成当時持高一五石三斗七升余の平兵衛は浅田家当主金兵衛の弟で、三二年以前の承応元年に江戸へ行き、神田佐久間町で両替屋となり結婚して子供も生まれ、貞享二年三月に妻子とともに村に帰ってきていた。やはり金兵衛の弟である久太郎も兄平兵衛の店に二三年以前の寛文二年以来同居し、当時も村内に田畑を少し所持していたという。

この二人が経営していた両替・木薬《きぐすり》商山城屋《やましろや》については後でのべることとするが、草深い農村地帯ともいえる相楽郡の一村から六人の者が江戸におもむいているのである。しかも、百姓として生活をつづけることが困難だったと思われる人びとだけでなく、庄屋層の一族が店を構えて活躍した場合もあり、新開都市江戸は諸国各階層の人びとを吸いよせたのである。西法花野村の近くの加茂町に遺る同種の史料でも、無高者の弟が慶安四年（一六五一）に江戸に下り、呉服町で商売したらしいことがわかる。

山城屋の江戸開店

浅田金兵衛の弟平兵衛（二十三歳）は承応元年（一六五二）に江戸に下ったが、村の庄屋となった父九郎右衛門の後継者である長兄金兵衛と連絡をとりながら、神田佐久間町に江戸店「山城屋」を開店した。「由緒帳」には両替屋であったと書かれているが、大名の為替などもあつかう大店《おおだな》ではなく、三貨（金・銀・銭の通貨）の交換を行なういわゆる銭《ぜに》両替屋だったらしいし、書状類では各種の木薬をあつかう商人として営業している。

平兵衛に同行者がいたかどうかは不明であるが、彼が父や兄に出した書状によると、小七郎はなかなか役に立たない、もう銀子《ぎんす》も皆失《な》くしてしまったし、あわせ・帯・しま（縞木綿か）なども売ったときいている、何と意見をしてもきこうとはしない。

とか、それまで同じ家に下男ともども住んでいたのか、

　やど《（宿）》も変え、又介と一緒に居るようにならなくなった、又介は精を出して働いているが、小七郎は商ないにも出ずにばくちを打っている、帰郷するようにいっても承知しない……こういうことを親六人方にねんごろに知らせている。

と手助けにならぬ小七郎について不平をのべている。開店当時の書状はあまり多くないが、いずれにせよ若い平兵衛にとって山城屋の経営は楽であったとは思えない。貞享三年（一六八六）ごろ一族の者らしい清次郎が江戸から出した書状に、

　わたしもふとまかり下り、いやしい東《あずま》えびすに成りはてました。

といっているので、荒々しい江戸の空気のなかで、京都や奈良文化に接する機会も多かったであろう山城国生まれの若者の苦闘した姿がしのばれる。

　頼りとなったのは、寛文三年に弟の久太郎（十五歳）が来府したことであった。それまでの一二年間は二、三十代の年若な平兵衛が同郷の人びとと営業をしていたのであろう。以後は兄弟二人で山城屋を切り回し、元禄十六年（一七〇三）までの五一年間は山城屋は浅田家の直接経営だったといってよい。貞享二年（一六八五）に平兵衛は隠居し帰郷するが、久太郎が養子となって二代目平兵衛となったのである。

元禄十六年三月に五十五歳になった二代目平兵衛は手代の岡半三郎に山城屋を預けていったん帰郷した。そのさい半三郎が書いた預り証文によると、「薬種だな吟味帳面」で金六九両二分、売掛け金一一三両三分が諸道具とともに渡され、店から毎年三〇両ずつ平兵衛のもとに登《のぼ》すことが約束されている。そのころ山城屋は出店の馬喰町店を持っており、それを閉店したら二〇両を別に登す旨の証文も遺っている。ただしその後もしばらくは出店は存続したらしい。

半三郎の預り証文には「お店（山城屋）のご用の節にはいつでも平兵衛様へすべてを差しあげる」旨が最後に約束されており、平兵衛は帰郷後も山城屋の人事や商況についてくわしい報告をうけ、指示を与え、江戸からの要請によって再下向もしていることが書状でわかるので、この時点では山城屋は二代目平兵衛の管轄下にあったといえる。もっとも初代平兵衛は宝永六年（一七〇九）に七十七歳で没するまで山城屋の所有権を握っていたらしく、毎年の登《のぼ》せ金も最低金一〇両送ってもらっており、江戸への下向も自由という約束が結ばれていたので、二代目平兵衛が初代の地位をすっかり引きついでいたのではなく、浅田家が山城屋を支配していたという形であったらしい。

薬種商売をどのように行なっていたかは後でのべるが、南山城地区産の物が江戸に送られていたことが山城屋と浅田家を結びつけていたと思われるので、正徳二年（一七一二）の木津川洪水による木薬産地の打撃などから浅田家と江戸店の縁は薄くなったようである。十八世紀に入ってからは、浅田家は江戸から手を引いたといってよい。

山城屋と南山城とのつながり

山城屋の営業は木薬を中心に営まれていたようで、輸入薬種であろうか朝鮮物と思われる人参《にんじん》を江戸の座の組織から買取って、領主である藤堂家へ売りこんでいたが、もっとも大量にあつかったのは南山城産の地黄《じおう》だったらしい。地黄はゴマノハグサ科の多年草で漢方の薬種として根茎が補血・強壮剤となり、血糖降下作用もあるという。浅田家は藤堂家の御用商人としてすでに江戸で重要な役割を果たすようになっていたから、藩主の求める「御用地黄」以外に、藩内武士層や津・久居《ひさい》・対馬など他藩大名にも納めるようになった。特に藤堂藩主は品質最高の品を求めているが、これらの生産地は山城国久世郡枇杷《びわ》庄や同郡富野《との》村など藤堂藩領でない村々であった。直接藩内から求めることができない商品なので、自藩有力農民である浅田家を通じて入手し、山城屋から納めさせたらしい。

西法花野村周辺は綿作のさかんな地域であることは浅田家文書からもわかるが、自家用のための綿作でなく他地域への販売を目的としていたため、畑だけでなく田へも植えつけた。田の土を積み上げ高い所で綿を栽培し、掘って低くなった所に稲を植える農法であり、豊凶の差が激しい綿作は農民たちの苦労の種であった。領主も年貢収入にひびくことから収穫高について年中報告を求めたらしい。

藤堂藩は古市《ふるいち》役所づめの城和奉行を通じて地黄を注文したが、城和奉行のなかには繰綿を同時に求める者がいた。また伊賀国の何人かの藩士も「上々吉」の繰綿入手を望んでおり、浅田家に依頼している。これらは江戸とは直接つながらないにせよ、南山城の産物が浅田家を仲介として各地に送られていたことは、関東の両中村家の活動と似た動きがこの地にあったことを示していよう。

なお、江戸の山城屋は藤堂藩と深いつながりがあったらしく、藩主の動向についての書状が金兵衛や親族あてにしばしば送られており、一方、藩内から江戸へおもむいた武士たち、特に古市役所や伊賀上野に関係した藩士は山城屋に立ち寄る者が多く、山城屋は御用商人であるとともに、庄屋であり地元有力者としての浅田家の出先機関的な役割も担っていたとみなされている。

これらの事情は浅田家文書の多数を占めている書状群の検討によって判明した部分が多いが、それら書状のなかに二通の興味深いものがあり、共同研究者によって発表されている。それは有名な赤穂《あこう》浪士討入りに関したもので、元禄十五年（一七〇二）十二月十六日に山城屋に出入りしていた内垣平三郎と浅田孫之進が浅田金兵衛に送った書状である。

浪士たちの討入りは十二月十四日の夜であり、引上げは十五日の明け方であった。孫之進の書状には、

> この十四日の夜七ツ時、吉良上野介殿の本庄にある屋敷へ浅野内匠頭殿ご家来が全部で四十七人、主人の敵討《かたきう》ちのため裏表両方からはしごを掛けて内に入り、首尾よく上野介殿を討ち、芝へ引取った。いずれもいでたちは着こみの上に、黒羽重《くろはぶたえ》紅裏《もみうら》の小袖、浅黄（空色）股引《ももひき》、槍を残らず揃え、かちどきを作り、上野介殿の首を引きさげて帰った由で江戸中の手柄である。

といった討入り直後の状況を告げている。ただし、孫之進が直接見聞したとは思われず、当時の江戸の人びとの話題をそのまま書状にしたためたものであろう。いずれにせよ、同家文書を現在も南山城研究会（旧浅田家文書研究会）が検討中なので、今後さらに研究が深まるものと思われる。

大庄屋となった浅田家

江戸にまで手を伸ばした十七世紀後半、近くに京都・大坂・奈良をひかえる浅田家は、これら都市と関係を深めていた。特に古代以来の都であり、経済・文化の中心でもあった京都には浅田家の縁類も居住しており、周辺各村からも養子・商売・奉公など出入りが著しかった。

浅田家は京都に部屋貸のための家や、自家で使う屋敷を持ち、管理・運営は一族に任せていた。三貸の相場（交換比率）その他情報のやり取り、京都での諸道具の購入、京都で必要とされる村内産の物資送り出しもあり、人の交流もさかんであった。また米その他諸物貨の集散地である大坂には、自村近くの祝園《ほうその》村の親類を介して米の相場を確かめ売買していたらしい。一方、江戸の米相場にも気を配っており、三都の金銀・米値段の動きに応じて資本を動かす才覚の鋭さを示していた。

江戸から帰郷するにあたって二代平兵衛は相当な現金を持参しただけでなく、連年の送金もあって、浅田家一族はこれら江戸からの資金の投資先を考えねばならなかった。新しい普請《ふしん》や周辺での農地の買入れに関した史料が十八世紀初頭前後に多くみられる。もっとも江戸での藤堂藩士の窮乏からくる貸金の焦げつきや、商品掛売り代金集荷がうまくいかないなど、営業状況は元禄期ごろから苦しくなってはいたが、三五〇両もの金子を持参した平兵衛を迎え、浅田家全体としては近隣にみられぬ有数の分限者一族となっていった。十七世紀中葉では、村内では最高持高ではあるが二五石台であった浅田金兵衛は、一七二〇年代には持高一五〇石余となり、村高の三〇～四〇％を一軒で占めるほどの成長ぶりを示した。一方、村内では、元禄期に八〇％の農民がまったく農地を保有できない無高から四石未満になっており、貧富の差が極端になっていく。

この十七世紀後半から十八世紀にかけて、浅田家内部では対立・抗争もあり必ずしも平穏無事であったわけではないが、享保八年（一七二三）には当時三十五歳であった金兵衛俊胤が加茂上狛一三ヵ村の庄屋をまとめる大庄屋に任ぜられた。それまでは他郡である加茂郷から大庄屋が出ていたのに、若年の浅田金兵衛がそれに代ったことは、浅田家の豪農としての実力が認められたからに違いない。しかし、十七世紀後半のような領主や上層藩士とのつながりや、商人としての活躍とは縁が薄くなっていたとみてよかろう。

最後に「点と線の商品流通」と浅田家との関係についてのべたい。江戸の山城屋営業や京都・大坂での商人的活動をみると、藤堂藩と深い関係を持ちながら藩の枠《わく》をこえた商品流通に関与し、関東の両中村家と同じく集散地との間で「のこぎり商い」を行なっている。この商法は、集散地からの商品を需要者に供給したり、生産地の産物を集荷して都市集散地に売渡す恒常的な商品流通の展開と異なり、生産地の状況に応じてある時は麦を、ある時は織物をといった形で集散地に出荷し、その代りに集散地から自家消費のためや、周辺各地の需要者の要望にこたえて商品を買入れ、ちょうどのこぎりのように押したり引いたりするやり方をさす。集散地の商人もそれに応じ、荷受《にうけ》問屋として対応した。天下の台所といわれた大坂は、畿内・西国、日本海側の東北・北陸地方からの米穀その他の諸物資が集中した大都市となっていくが、そこに十七世紀後半に多くみられた諸国問屋は荷受問屋的な商人だったとみられている。浅田家が米を販売した問屋は専業の米問屋だったかもしれないが、仕入問屋だったとは思えない。

遠く関東―山城と離れてはいるが、十七世紀後半には似た動きがみられたのであり、十八世紀に入ると新しい型の商品流通に対応して両者は異なった道を歩むこととなった。

絹の商品流通

江戸の仕入問屋と十組

江戸問屋層の交代と上方

十七世紀後半に江戸で問屋と呼ばれたのは荷受《にうけ》問屋たちであったが、その問屋と取引していた仲買や小売商たちがだんだん家業を伸ばし、荷受問屋のように「のこぎり商い」でどんな商品でもあつかい、注文主と需要者を仲介するという商法ではなく、自分の資本で仕入れた商品を江戸市内、さらには東国各地に販売するようになっていく。こうした交代がはっきり史料的に裏付けられるのは、前にのべた木綿の売場問屋と成長した七〇軒の問屋兼仲買となった新しい商人群との交代である。ただし、仲買として伊勢から進出したのは、早い家は十七世紀前半かららしいし、十七世紀後半に入ると年々の店卸《たなおろし》が伊勢に送られ、営業状態をこまかく知ることができるようになる。

木綿以外の商品でも、専業の小売商が十七世紀後半には急速に成長し、日本橋界隈《かいわい》で商品別・地域別に仲間をつくり、やがてそれら仲間が大きく結束するようになる。ただし当時の江戸市民の需要は、米穀・薪炭《しんたん》・野菜・生魚のような周辺から供給できる物資はともかく、付加価値の高い物はすべて京都・大坂・東海地域から大型の廻船で輸送される物貨であった。江戸はまさに「東えびす《あずま》」の都市であり、その日暮らしの裏長屋住いならいざ知らず、衣類や家具、小間物その他、町方の人びとが必要とする塩・醬油・酒や木綿・灯火用油・櫛《くし》・こうがい・紙類・傘など諸種の品々がいわゆる「下《くだ》り商品」であり、それらをあつかう商人たちのなかで、近江・伊勢のような先進地から進出してきた人びとが仕《し》入《いれ》問屋に成長してくる。

特に上等の絹織物や輸出品を仕入れ、さらに地方の農民がいざり機《ばた》で織った「きぬ」も京都の商人が購入し、仕上加工して上層の人びとの衣類として供給した。これらを購入するのは江戸の人びとが多かったため、江戸の呉服商で大店は必ず京都に仕入店を持ち、奉公人も近江・伊勢・京都やその周辺で少年たちを雇い入れたので、本店や本家が上方におかれた仕入問屋が多かった。

また、上方は銀、東国は金と、中心となる通貨が違っていたため、仕入問屋は両替商と強いつながりを持つ必要があり、特に呉服商が両替機能をあわせ持つ場合も多かった。なお京都は内陸都市でもあり、呉服のように海難に弱い商品をあつかうため、陸上輸送を担当する飛脚《ひきゃく》問屋を傘下に持つ呉服商がみられる。

では上方における巨大集散地としての大坂と江戸とはどういう関係にあったのだろうか。京都や近江・伊勢商人が多くの江戸店を構えたように、大坂商人も江戸進出をはかっただろうと考える人も多いだろうが、大坂に本店をおき、江戸店を構えた職種は少なく、直接江戸に手を伸ばした商人も多くない。もちろん、三都に店を開いた三井越後屋その他の例はあるが、大坂商人そのものの江戸進出とはいえない。大坂はまさに「天下の台所」であり、江戸へ廻船で多量の物貨を積み下すため、東国向け商品のあつかい問屋は多数いたが、わざわざ販売のための出店を設ける必要は特定の職種商人を除いて感じなかったといってよかろう。

十組仲間の成立　元禄七年（一六九四）、江戸で問屋仲間《なかま》の連合体である「十組《とくみ》仲間」が成立したといわれている。もっともその成立の経緯を示す史料は、結成の提唱者である大坂屋伊兵衛の覚書といわれるものにほぼ限られる。

大坂屋伊兵衛は通町《とおりちょう》組に属する問屋であった。名前が示すように、通町組は日本橋通町に店を構える問屋仲間である。日本橋の本町・本石町あたりに店を持つ問屋も、内店組《うちだな》という仲間をつくっており、通町組・内店組はあつかい商品が似ていたため、両組合わせると三〇軒ほどの軒数になることから、三拾軒組《さんじっけんぐみ》という一つの仲間として行動することも多かった。

この通町組・内店組＝三拾軒組にはどういう商品をあつかう問屋が所属したのだろうか。近世を通じて通町組の中心メンバーであった白木屋《しろきや》の史料のなかに、この三拾軒組の「万記録」という帳面がある（東京大学経済学部所蔵）。これは明暦三年（一六五七）正月の大火以降の三拾軒組の仲間記録であるが、明暦の大火後、幕府が商人たちに諸商品の値段付を差出すように命じたさい、絹布・太物《ふともの》（木綿・麻）・小間物そのほかの値段付を提出したと記している。

また、貞享二年（一六八五）には、町年寄に呼ばれてどういう商品をあつかっているかと尋ねられたとき、

一　繻子《しゅす》・緞子《どんす》・繻珍《しゅちん》類

一　加賀羽二重《はぶたえ》類

一　紗綾《さや》・綸子《りんず》・縮《ちり》めん
一　関東織物類
一　京織桟留《さんとめ》類
一　帷子《かたびら》類
一　けさ衣類
一　晒布《さらしぬの》類
一　真綿・繰わた
一　木綿類
一　小間物類品々

と答え、もっともこのほかにも商売品は多いが、あらましを書付けて出しますという断り書をつけている。

また、「諸問屋再興調」という史料のなかに、享保九年（一七二四）八月に三拾軒組が書上げた取扱品目の覚《おぼえ》があるが、これには繊維製品・化粧用品・身廻品・調度品・金属製品・紙製品・食器類・手遊物・雛人形類など三〇〇種近い商品名がふくまれている。通町組・内店組はこうした各種商品の問屋で構成した仲間であり、紙店・酒店・釘店など特定の商品をあつかう問屋仲間とは性格が少し異なっていた。

三拾軒組のあつかい商品はほとんどが上方産《かみがた》である。このなかで、絹織物などは海上輸送を避けたが、かなりの商品は大坂を経由して菱垣廻船《ひがきかいせん》で運ばれた。十組結成の契機は、この菱垣廻船輸送をめぐる問題であったのである。以下、「大坂屋伊兵衛覚書」の示すところをみてみよう。

上方からの諸商売の品々は、往古より積合い運送してきたが、そのころまでは諸商売の問屋も少なく、難船があってもそれを調べる荷主もいないため、船問屋のやりたいままとなり、諸事の勘定がだんだんけしからぬ事になってきた。

なかんずく、貞享三年（一六八六）に小松屋仲右衛門という船が、大坂から江戸に向けてはるばるの海上を無事に乗下ってきたのに、相州沖で難風に逢い破船したと、江戸の船問屋利倉屋三郎兵衛へ知らせてきた。ところが、実際は船頭が私欲にかられ、斧《おの》でもって船底を打割り、積合の荷物を過半盗み取ったといううわさが流れた。積合の荷主たちがここかしこでまちまちの相談はしたが、いろいろな商売の問屋であり、不断の付き合いも無いため、詮議の相談をしようにも世話役もおらず、とうとう話合いもできずにそのままになってしまった。

そのため、廻船輸送はいよいよ乱れ、元禄五年（一六九二）までは、廻船が難風に逢って積荷に被害を生じたり、破船や浸水などがあると、船頭や水主《かこ》が浦々湊々の者と手を組み、助かった荷物も過半盗み取り、配分しているようである。残った荷物もことごとくなかみを抜きとり、無事の丸荷物はない有様で、特に値段の高い荷物ほど海に棄ててしまう。難風に逢ってもいないのに、方便をこしらえ積荷に被害があったといって紛失することが多く、積合の荷主は何度も損金をかぶっている。このため、廻船による商品荷の運送が衰えてきている。

ここで伊兵衛は繰返し菱垣廻船の船頭・水主による不正をのべたうえ、難船勘定が廻船問屋のなすがままになっていること、荷主側の結束がないため詮議のしようがないことに言を及ぼしている。和船による航海は、つねに陸を見ながら、帆に風をうけて走るやり方であったため、風待ちのため湊に滞船することも多く、浦や湊の近くで難破する船がしばしばあった。また、難風に逢うと、まず荷重を軽くするため船荷を海上投棄するが、海岸でそれをすくい上げた者には一〇分の一（木綿は二〇分の一）が褒美として与えられるという幕令が出ていた。また、難船したときに船主・荷主がどのように被害を分担するかという難船勘定の方法もきまっていたのであるが、積荷がどれだけ被害を受けたのか、難船の程度がどれほどだったのかという情報が廻船問屋しか入手できない状態では、荷主に不利な処理がなされても文句のつけようがなかった。

さらに、菱垣廻船は当時の和船のなかでは最大の船であり、しかも積む荷物は、底・中ほど・上と積む場所によってそれぞれ種類別であって、同一商品だけで満載というわけにはいかない。また、荷主の方でも難船がこわいため、一人の荷主が何艘にもわけて同一商品を積みこんだから、一艘の菱垣廻船には何十人もの荷主が各種の商品を積み合うことになったのである。

さて、伊兵衛はこうした事態を解決するため、仲間づくりに走り回ることとなった。覚書は次のようにいう。

元禄六年に至って私が思うには、海運がこのように乱れては、江戸の商人・職人ともに家業の元が不足するようになり、江戸だけでなく他の地方でも貴賤を問わず不自由となり難儀なことと考え、翌元禄七年に橘町の惣助方ではじめて会合を催した。その時参会した人びとは、

本船町　米問屋〔鎌倉屋・山口屋・桑名屋・松葉屋〕

室町　塗物問屋〔楠見・八木・日光屋〕

通町　畳表問屋
中呉服町　酒問屋〔鴻池《こうのいけ》吉兵衛殿・同安右衛門殿・同五兵衛殿〕
本町　紙問屋〔山中・高田〕
大伝馬町　綿問屋〔磯屋・紙屋〕
大伝馬町　薬種問屋〔駿河屋・小西〕
通町　小間物諸色問屋

一同参会のうえ、仲間の帳面をしたため、その後も右の人びとが集まったが、元禄十年には私の宅で参会し、その時に帳面箱そのほか入用の小道具もこしらえた。

　本町四丁目の内店組の人びとにも加入するようすすめたところ、帯屋・越前屋がいわれるには、内店組は小人数であるから加わらないとのことだった。しかし人数の多少はともかく、船荷運送をするからには、難船による荷物の損失や破船の節に役に立つからぜひ加入されたいと強くすすめた。再三辞退されたが、通町組のなかには小間物問屋も多く、内店組と同じような商売であるから、難船勘定で振分散（破船などの際、残った船荷を、荷物と船との総価格に按分して、荷主と船主に配分すること）などある時には、通町組で処理するから名前だけでも書き加えてほしいと頼み、加入ということになった。その後内店組も難船勘定に立会い、少しは手伝もしようということになって、その後は両組互いに協力して処理するようになった。また、日本橋の釘《くぎ》問屋仲間にも働きかけ、組合に加わってもらった。これで合わせて十組となった。

右によってわかるように、当時日本橋周辺では諸種の問屋が仲間を形成しており、伊兵衛の呼びかけによって各仲間の代表が集まったのである。ただここで疑問があるのは、ふつう十組というと、

塗物店組　表店組　酒店組　紙店組　綿店組　薬種店組　通町組　内店組　釘店組　河岸組

で構成されたものを指すが、元禄七年に集まったなかには米問屋仲間が入っており、十組のなかの河岸組にあたるものがない。参会した四軒の米問屋のうち、鎌倉屋・桑名屋・松葉屋は『江戸鹿子』や『国花万葉記』で、米・繰綿・木綿・油などをあつかう諸色《しょしき》問屋とされており、前にものべたように荷受問屋であって、米のみをあつかう問屋ではない。他の九組がすべて仕入問屋の仲間であるのに、荷受問屋が加わったのは、たとえ自分の資本で仕入れた船荷でなくとも、下り荷をあつかう荷受問屋として荷主に代り難船処理にかかわることが多かったためであろう。しかし、米問屋といった名前での参加は最初だけで、

「万記録」の元禄十三年十二月付の書付では河岸組がこれに代っている。河岸組は油問屋の仲間であり、米問屋＝諸色問屋が消えて油問屋となった経緯は明らかでないが、荷受問屋がその営業形態を保つことができず、廻船問屋などに変貌していくなかで、河岸組が十組の一員となったものと思われる。

十組は結束を固め、いろいろな申し合わせをした。十組を代表する大行事は一組が四ヵ月間つとめることとし、また極印元《ごくいん》を定めて廻船改めを行なった。これは綿店・河岸両組を嶋極印（後に二つに分かれ、嶋極印・河岸極印となる）、表店組を表極印、塗物店組を櫃《ひつ》極印として、廻船の積載による沈水度や船具などを極印元が調べることをいう。さらに当番の行事を定め、振分散勘定のときにはこれが処理にあたった。

しかしこうした相談のなかでもいろいろ心配する声があがった。それに対して、提唱者の伊兵衛は苦心のほどを答えている。覚書によると、

（十組衆中　問）　このように海運支配の方式が改まったことは諸問屋荷主たちにとっては都合が良いが、江戸・大坂の廻船問屋ではやりにくくなることから、もし船持や船頭が皆で申し合わせ、十組の荷物を積まないようなことがあると、商売あがったりとなるが。

（伊兵衛　答）　そこは私がかねて工面してあります。そうしたことで万一荷積に差障《さしきわ》りが起こったらと思い、呉服町の鴻池三家に内談し、大坂の鴻池へ相談したところ、そのような事態になったら鴻池の手船をまず一〇〇艘余り出し、それでも足らねば新造一五〇艘も造り足して少しも差支えないようにすると請合ってくれました。その契約のため、大坂鴻池からわざわざ手代衆が一人下ってこられ、堅く決めてあります。

といった問答があったらしい。鴻池は大坂の豪商で、酒問屋・両替商として大をなし、手船をもって酒荷を送っていたのであろう。江戸の鴻池三家は、元禄七年の会合に参加した鴻池吉兵衛・同安右衛門・同五兵衛を指すものと思われる。覚書ではこの三人だけに殿の敬称をつけており、別格あつかいである。彼らは大坂鴻池の江戸出店ないしは別家でもあろうか。さらにまた次のような問答もあった。

（十組衆中　問）　振分散のとき、勘定は仲間の行事が立会って処理し、荷物ぬれ引などを仲間がそれぞれ引受けてさばくが、十組以外の積荷や諸国通り荷物などまで処理することはできないのではないか。

（伊兵衛　答）　幸い通町組は小間物諸色問屋でありますす（から諸種の商品をあつかうことができます）。私が通町組を手伝い、脇荷物は残らず引受けましょう。しかし諸国入込みの荷物ですから、もし不都合なことが起こったらと不安ですが。

（十組衆中　答）万一そのようなことがあっても、十組相談のうえ決定したのだから、一人の責任にはしませんよ。

右のような問答の結果、脇荷物はすべて通町組が引受けることになり、菱垣廻船の積荷に関する十組の発言権は強大なものとなった。それまで難船があると、遠江《とおとうみ》国今切を境にして、西は大坂の廻船問屋、東は江戸の廻船問屋が処理にあたることになっていた。難船の残り荷物を売払っても、大坂・江戸とも廻船問屋は割付けの金子を荷主に渡さず、分散勘定の割付け書だけしかよこさない。あまりひどいやり方であるということで、以後難船のときは荷主組々の行事が立会って勘定をし、廻船問屋に荷物の売払いなどはさせないようにした。また、大坂の廻船問屋がやり方を改めないので、難船残り荷物や船かす（難船した船の残りかす）まで江戸へ積み下し、江戸で処理することにした。

ところで大坂からの下《くだ》り荷の荷主は十組以外にもあったわけだが、彼らは仲間を結んだり、十組のような連合体を形成したりはしなかったのだろうか。覚書によると、元禄十二年に大門仲間という組織ができ、十組に海運処理に関し手伝いたいと、行事五、六人連れで申し入れてきた。十組では、「江戸のことであるから仲間は百ほどもあろうが、菱垣廻船は十組でさばいているから御手伝に加入することはお断りしたい、ただし荷物積合は自由になさって下さい」と返答している。元禄期の江戸には諸商人の仲間が相当数成立していたことがこの問答からうかがわれるが、菱垣廻船に関しては十組が支配的な力を持つことになったのである。

大坂より入津の諸商品

物価政策の難しさは昔も今も変わりない。〝将軍様の鶴の一声で物の値段が左右される〟という性格のものではないのである。享保改革を推しすすめた八代将軍吉宗の時代も、物価をめぐって大きな問題が起こっていた。それは〝米価安の諸色《しょしき》高〟といった事態である。もっとも大量に生産され、商品としても最大の市場を持つ米価の動向は、本来なら諸色＝諸商品の値段の基礎となるはずであったし、為政者もそう考えていた。しかし、江戸時代の米はほかの諸商品とは大きく異なる事情で市場に現れたのである。農民の手もとから収穫米のかなりの部分が年貢として領主層に取り上げられ、それが商品となるため、他の諸商品のように生産費の動きによって価格が変動するというのでなく、市場での需給関係がもっとも大きく米価を左右した。享保改革の過程で年貢が増徴され、新田開発もさかんに行なわれたうえ、豊作がつづいたこともあって、市場には大量の米が出回った。当時の全国市場のなかで、大坂は西国・北陸方面の米が集まる最大の集散地であり、領主層は大坂に蔵屋敷を設けて自領の年貢米を販売したのである。多くの藩では、大坂の商人に年貢米の販売やそれにともなう金銀収支を任せたことから、たとえ大坂での販売が不利となっても他へ年貢米を回すような策はとれなくなっていた。そのため、大坂には大量の米がだぶつき、享保八年（一七二三）ごろから米価はきわめて安くなった。大坂の米相場は他地域にさっそく伝えられ、東国での米の中央市場である江戸の米価にも大きく影響したのである。

米はこうした事情で安くなっても、他の諸商品の値段はそれに連動しないことから、年貢米を財政の基盤としている領主層にとってはまことに都合が悪い。特に将軍の城下町である江戸の物価が問題となり、江戸町奉行大岡越前守忠相《ただすけ》は諸商品の流通ルートを調査し、さらに重要商品をあつかう問屋商人の仲間結成をはかった。享保十一年（一七二六）五月、幕府は米・塩・味噌・醤油・酒・魚油・水油・薪《まき》・炭・木綿・繰綿《くりわた》・真綿《まわた》・生蠟《きろう》・下《くだ》り蠟《ろう》燭《そく》・紙の一五品について、諸国から商品を取寄せている者が仲間を結ぶことを命じたのである。

ここにあげられた一五品は、江戸の人びとの生活必需物資であり、これに生鮮食品があれば日々の生活は営めた。当時江戸の町方人口は五〇万人をこし、これに武家人口を加えれば一〇〇万人前後の大都市であったというから、これら生活必需物資が円滑かつ安価に江戸に供給されねば、庶民のみならず、武家にとっても大きな問題となったのである。そこで、こうした商品をあつかう問屋をはっきりさせ、仲間によって流通を統制しようと為政者は考えたのであった。

また、この仲間結成令に先立って、幕府はこれら生活必需物資がどのくらい江戸に流入しているのか、さらに当時江戸へ大量に諸商品を送りこんでいた大坂からの入津荷《にゅうしんに》がどのくらいあったのかを調査したらしい。現在わかっているのは、先ほどあげた一五品のうちから、真綿以下四品を除いた一一品についての調査史料で、享保十一年分の江戸入津量、享保九〜十五年の七年間にわたる大坂から江戸への入津量である。幕府はさらにこれら商品をどこへどれだけ売りさばいたかまで問屋たちから報告させたらしいので、こうした流通に関する史料が全部遺っていればかなりくわしい実態がわかるのであるが、残念ながら断片的な史料から判断するほかはない。

しかしこの一一品の入津量史料は、当時の江戸と上方との関係をみるにはきわめて重要な材料となる。まず、享保十一年の江戸入津量をみると、味噌が二八九八樽と少量であるのを除いて、他の一〇品はいずれもかなりの量が江戸に入ってきている。主食である米は八六万一八九三俵、塩は一六七万俵余、醤油も一三万二八二九樽が入荷していた。衣料およびその原料としては、木綿が三万六一三五箇（一箇は一二〇反または一〇〇反入）、繰綿は八万二〇一九本が入津している。繰綿一本は九貫三〇〇匁であったから、七六万二七七六貫余になるわけで、これは糸に紡《つむ》いで織らねばならない衣料原料である。夜の灯火のために必要な油（菜種をしぼった水油《みずあぶら》、綿核をしぼった白油《しろあぶら》）は九万樽余、魚油は五万樽余が供給されている。嗜好品でもある酒は八〇万樽近くが入津しており、燃料である炭が八一万俵弱、薪が一八二一万束弱流入していた。

ではこれら一一品のうち、大坂から供給されることの多かったのはどの商品だったのだろうか。享保十一年に大坂から江戸に入ってきた商品量と、江戸入津全量とを比較してみよう。まず繰綿であるが、奇妙なことに大坂からの入津量は九万八一一九本であって、江戸入津全量である八万二〇一九本を大きく上回っている。調査の期間や対象の相違からこうした結果が生じたのかもしれない。いずれにせよ繰綿はほぼその全量が大坂から供給されていたとみてよかろう。

次に比率が高いのが醤油および油であって、大坂からの入津量が全入津量のなかで七六%余を占めた。後に醤油の特産地となる銚子や野田も、この時点では江戸出荷は微々たるもので、江戸の人びとは関西産の下り醬油を使用し、夜は下り油を灯すことによって照明を得ていたのである。

木綿は大坂からの入津量が全入津量の三三・七％であまり高い比率ではない。これは三河・尾張・伊勢など東海地域からの入荷が多かったためであろう。酒も二二・三％にとどまるが、大坂を経由せずに西宮や摂津の酒造地から直接送られるものが大きな部分を占めていたとみてよかろう。同じことが塩についてもいえるのであって、大坂からは享保十一年にはまったく入津荷がない。享保九年（一七二四）から十五年までの七年間でみても、もっとも多い年が六七八〇俵にとどまり、皆無の年が三年もある。江戸に入津する塩の大部分は瀬戸内一〇州から出荷される十州塩であり、その代表が赤穂塩であるが、これらは出荷地から塩廻船で江戸に運ばれたから、大坂を経由する必要はなかった。

右にあげた繰綿・醬油・油・木綿・酒・塩の六品は、大坂をふくむ広義の上方からの下り商品であったといえるが、いずれも一定の技術水準を要する加工度の高い商品であり、生産力の高い上方ならでは大量に出荷することができなかったのである。

残りの五品のうち、米は年によって大きく変動する。享保十四年（一七二九）には大坂から七万五〇〇〇俵弱入津しているが、享保十一年はわずか三俵である。江戸には関東・

東北地方の年貢米・商人米が年々入荷していたが、東国の米作の豊凶や、米価の動向によって上方米が入津したため、数量が一定しないのである。炭・魚油の上方からの入津はきわめて少額であり、薪・味噌は皆無である。つまり、これら五品は東国から江戸に供給された生活必需物資であるが、その性格は農村・漁村から出荷された第一次的な生産物であり、加工度の低い商品であって、手工業的な技術を必要としない商品群であった。

呉服・小間物問屋白木屋

江戸時代の呉服問屋

現在の百貨店のなかで、創業の早いものは江戸時代に呉服問屋であった場合が多い。三越（三井越後屋）、大丸（大丸屋）などはその代表的な例であるが、これらと一時肩を並べていた百貨店に白木屋《しろきや》があった。ただし第二次世界大戦後の時代の荒波のなかで、昭和四十二年（一九六七）に他の百貨店の傘下に入って白木屋の名は消え、平成十一年（一九九九）にはほかに本店・支店のあるその百貨店も、日本橋店である白木屋ゆかりの場所は手離してしまった。

なぜ江戸時代からの呉服問屋がいくつも近代の百貨店に変身したのだろうか。私がみた史料で、これらの店もふくめて江戸時代に呉服をあつかう商人が呉服問屋と呼ばれるようになるのは、十八世紀後半以降が一般的である。「問屋」は荷受《にうけ》問屋であれ仕入《しいれ》問屋であれ、仲買や小売商に卸《おろし》売りをする商人と思われていたらしいが、呉服商は一般消費者も顧客としていたし、そのため本来の呉服を意味する上方下《くだ》りの上等絹織物や輸入品だけでなく、木綿や小間物諸色もあつかう店が多かった。そのため、木綿専門の問屋は、呉服商が木綿を販売するのはおかしいと十八世紀半ばに幕府に訴訟を起こしている。現在でも問屋が一般消費者を顧客にする場合は特定の日時や場所に限られていることが多い。まして江戸時代は為政者が株をめぐって文句をつけることがしばしばあったので、仲買・小売商・一般消費者を等しく対象とした商種は限定されていた。

富裕ぶりは呉服商よりは木綿問屋の方がかなり上で、文化期以降の幕府への冥加金《みようがきん》でも大きく差をつけられている。ただし、一般顧客を相手にしたから宣伝が派手であり、木綿も結局はあつかうようになって綿店を別に設けたり、為替や小間物の問屋を営業する大店もあった。仕入は奉公人を産地に派遣して吟味のうえ行なったし、呉服商は京都に本店や仕入店を持って各地産織物の仕上・加工を握ったから、仕入に関しては問屋並みの実力を示すことができた。この仕入・販売の両面にみられる特殊性が、江戸時代呉服問屋の近代百貨店への変身理由ではないかと私は考えている。

事実、幕末ごろの呉服問屋は経営不振で、三井銀行設立にあたって越後屋呉服店が足をひっぱるのを恐れ、「三越」という新しい店名にし、開業する新銀行は、呉服店営業とは表向き関係なしという「表は離れ」る政策をとった三井のやり方は経済史ではよく知られている。

この動きのなかで、白木屋は「通町組」という十組《とくみ》の一員である仲間に最初から所属していたし、代々京都に根をはって呉服商・小間物諸色問屋として江戸でも著名となった。私は東京大学経済学部所蔵の「白木屋文書」にまず手をつけ、京都柳馬場《やなぎのばんば》に当時も居住されていた大村家に修士一年の夏から史料調査に出かけ、同家所蔵の初代彦太郎の書状や初期の状況を示す諸史料にあたることができた。それらにもとづき、「網の商品流通」までの白木屋の歴史を追ってみよう。ただし残念ながら、大村家所有だった史料の現物にはすでに消息不明となったものが多い。

初代白木屋彦太郎の出自

白木屋の開祖は大村彦太郎可全である。初代彦太郎は寛永十三年（一六三六）に父大村道与、母たつの長男として生まれた。幼名を彦四郎といい、二歳違いの弟四郎三郎がいる。たつは近江国長浜に居住した河崎源兵衛定幸の娘である。

白木屋には「太福帳」と題された開業時から江戸進出後の状況を示す店卸《たなおろし》を記した古文書が伝わった（現在は国立史料館所蔵）。その冒頭には、「源兵衛様より銀子請取之覚」として、慶安五年（一六五二）辰の正月に銀二〇貫目を大村彦四郎信治が受取ったことが記されている。彦四郎の商人としての自立に、河崎家が大きくかかわっていることをこの冒頭の記事から知りうるのである。

この初代大村彦太郎と河崎との関係につき、大村家に遺された史料に、宝永三年（一七〇六）正月、河崎定心が書いた「大村氏河崎家因縁事」、享和元年（一八〇一）四月、六代目大村彦太郎が河崎家にあてた「一札之事」、享和二年に河崎源兵衛・源四郎が大村彦太郎あてに記した「大村家系図」などがある。最初の史料は初代彦太郎可全の従弟《いとこ》である源兵衛定利（定心）が、可全没後一七年に書いたものであるが、他の二点は後代にいたり河崎家で調べたものであり、その正確さを確かめるすべはない。しかし三点の文書の内容に食い違いはみられないので、これらにより彦太郎可全の生い立ちをみてみよう。

大村氏は勅勘により江州浅井郡に下った者を祖とするという。その子孫のなかに浅井郡尊勝寺村という所に分家した者があり、数代住居したが、領主に対し不埒《ふらち》な筋があったということで家内残らず退去を命ぜられ、京都に引越した。そのさい大村家と非常に親しかったので、河崎家は引越の世話などにも与《あず》かった。その後三代目の大村道与にいたり京都での商売がうまくいかず、近江向けの商売をしたいということで、祖父の縁によりまた河崎家との付き合いが復活したのである。年々下りのさいに河崎家を訪れたところから、源兵衛定幸の娘たつと結ばれ、両家は縁戚となった。

夫婦の間に彦四郎・四郎三郎二人の男子が生まれた。「一札之事」には、後に京都で材木店を開くことにしたのは「両人共京都出生之者」であるためというので、大村道与が没するまでは一家は京都にいたのであろう。史料のなかには「我等先祖菊屋彦太郎」という文言もあり、道与の代までは菊屋の屋号を持つ京都商人だったらしい。

父道与は彦四郎五歳、四郎三郎三歳の時に病死し、母たつも同年に没し、幼い兄弟は孤児となってしまった。母の実家である河崎家に引取られ、少年期にいたるまで長浜で育つこととなったのが、後年の白木屋と近江国との深い関係のはじまりである。河崎家では母たつの弟定利が源兵衛の名を継いだ。前述の「太福帳」冒頭にみられる源兵衛は定利（定誓）を指す。兄弟は叔父の庇護のもと、下坂（滋賀県長浜市下坂浜町）の良疇寺で学び、法山和尚の指導を受けた。なお、同寺には河崎家の墓と並んで初代白木屋彦太郎の墓がある（『白木屋三百年史』一九五七年）。

河崎家は家業として材木をあつかい、木見世を持っていたが、そこに若い時から勤めていた沢田五郎右衛門という人物がいた。材木の目利《めきき》にすぐれ、大坂・名古屋・敦賀《つるが》その他所々と取引していた。大村兄弟の成長をみた叔父源兵衛は、兄弟が京都生まれであるので京地で家跡を相続させたいと思い、寺内という所に家屋敷を求め、河崎家の商売である「白木材木」を分け、屋号の白木屋を譲り、飯米等にいたるまで仕送った。さらに河崎と改姓した五郎右衛門全徹を付き添わせたことは、彦四郎十七歳、四郎三郎十五歳という若い兄弟にとって、まことに心強いものであっただろう。

大村家と河崎家の縁はその後もつづいた。「太福帳」の記載によると、承応二年（一六五三）正月には彦太郎信治、同四年正月には彦太郎可全と署名している。幼名を改めた彦太郎は河崎家から従妹《いとこ》なべを迎えて妻とした。結婚後三年ほどして男子が生まれたが、なべは彦太郎の気に入らず、離縁となっている。しかしなべの妹なつが四郎三郎の妻となることにより、両家はその後も縁戚関係を結んだのだった。

材木店のはじまり

白木屋店史のもっとも重要な史料に、「古今記録帳」（私の修士時代には白木屋百貨店にあったが、現在は大東急記念文庫所蔵）と題するものがある。これは寛延三年（一七五〇）に古沢八郎右衛門という重役が白木屋の江戸店開店からの事蹟を編年別に書き記したことにはじまり、その後も書きつがれて明治二十八年（一八九五）にまでいたる史料である。古沢八郎右衛門は当時の日本橋店の筆頭支配役であった。

「古今記録帳」を編むにあたり、八郎右衛門は古来からの店の記録を集めたり、古老の話を聞きとったことと思われる。大村家所蔵文書のなかに、宝暦九年（一七五九）二月、「古沢氏」によって書かれた未題の史料があり、最後に張札があって、「この書物は古くから奥にしまってあったものであるが、白木屋の有難い御家風を知らせるため、店員にみせることになった」旨が記されている。おそらくこの「古沢氏」は八郎右衛門であると思われ、この史料は「古今記録帳」編さんにあたって集めたものによって構成されたといってよかろう。

このなかに、白木屋の商売のはじまりは材木であり、その店は京都の「御本家」（大村家）の真向いに元文年中（一七三六〜四一）ごろまではあったという。小間物・呉服の店に変わって一世紀近くたってはいたが、材木店として出発したことは強く意識されていたらしい。

前述した「太福帳」は、この材木店時代からはじまり、万治四年（一六六一）正月までは年々の店卸《たなおろし》が記されている。江戸における小間物店開店は、「古今記録帳」によれば寛文二年（一六六二）であるが、「太福帳」は万治四年正月の次は寛文五年正月まで記載がなく、その後は寛文七、九、十二、天和四年（一六八四）、貞享五年（一六八八）ととびとびである。いずれにせよ、材木から小間物・呉服にいたる草創期の状況を示す重要史料であることには変わりがない。

この店卸により、京都における材木店としての状況をみてみよう。前述したように、慶安五年（一六五二）辰の正月に「源兵衛様より銀子請取覚」とあるので、同年正月における資産のあり方をこの店卸は示している。ということは、実際の営業活動はその前年からはじまっていたかもしれない。

慶安五年正月の店卸では、在庫の材木・有銀以外では、材木仲間での「かこい木」、敦賀の源右衛門での買物（材木か）、伏見・大坂・大津の商人たちへの貸、真綿・小脇指などをふくめて銀二〇貫目となる。貸は材木の売掛けが多いと考えられる。当時の店卸では貸借勘定のみがあげられるのがふつうで、そのなかには店舗その他不動産があげられていない場合が多く、材木店や蔵は河崎家の出金で用意したかもしれないが、それは「太福帳」には書き出されていない。材木をどこから仕入れたかについては、「敦賀ニ有、但買物」という項目で明暦二年（一六五六）まで記載があり、承応四年（一六五五）には七尺板二九枚（銀二〇一匁余）が敦賀の平右衛門方に「有」となっているので、敦賀で前金払いで仕入れたこともあったらしい。売先については、京・伏見・大津・大坂などに「かし有」となっているので、地元の京都以外にも売りさばいていたようである。

材木の江戸出荷がはじまったことを示すものとして、明暦三年（一六五七）正月の店卸に、銀五貫四三〇匁余が江戸の材木仲間に「有」となっているのがあげられる。その前年正月の店卸では江戸に関する項目は見当らないので、明暦二年中に江戸へも出荷するようになったのであろう。有名な明暦の大火は翌三年正月に起こったのであるから、火災後の材木需要により江戸へ送り荷したのではない。ただし、大火後は江戸の材木仲間に「有」というのが畿内の仲間の「有」に比べて増し、万治二年（一六五九）には江戸仲間には銀一一貫五四三匁余があるのに対し、旧来の白木仲間七人には銀三貫四三一匁余の材木が預けてあるのにとどまっている。

江戸への輸送は海路によったらしく、船中の材木代銀が記載されている年もあり、その銀額も合わせると江戸への送り荷はかなりの比重を占めるようになった。万治四年正月の店卸によると、資産総額銀五三貫六七〇匁余のうち、「江戸中ニ有」というのが銀七貫四〇匁余、「山中・桑名・舟共ニ有木」というのが銀一一貫七一四匁余となっている。両者を合わせれば資産総額の三五％強となるのであって、江戸との関係が深まっていたことがうかがわれる。こうした状況を背景に、白木屋の江戸進出がはかられたのであった。

江戸店の開設

「古今記録帳」の冒頭には、白木屋江戸店開設について、古い帳面に寛文二年（一六六二）八月六日とあるが、これは店を見立てて借りた日ではないか、実際に開店したのは八月二十四日と考えられるといった古沢八郎右衛門の推測がのべられ、最初は通三丁目に開き、翌年通一丁目の近江屋三右衛門店に移り、寛文五年に今の場所に移ったらしいといっている。「太福帳」の記載が万治四年（一六六一）正月から寛文五年（一六六五）正月店卸までとんでいるのも、店の移転と関係があるのかもしれない。

「古今記録帳」の寛文二年の項には、八月二十四日開店のことと、商品が「小万物《こまもの》類」であったことが記されている。小万物は小間物と同じで、櫛《くし》・きせる・扇子その他、身回り品が主であり、当時それらは技術的な先進地京都の特産品であった。ただし、同じ京都の特産物である高級絹織物に比べれば単価は安く、江戸の庶民層でも入手できる品々であったといえよう。銀二〇貫目の資本で材木店をはじめた彦太郎は、万治四年正月には総資産を銀五三貫六七〇匁に伸ばしてはいたが、一方、未払金や長浜の河崎家・沢村自三からの預り金があったので、引残り銀は四〇貫目弱であり、しかも総資産の大部分は材木の在庫・売掛けの形である。新しく開店したものの、仕入に費用のかかる商品をあつかうことは無理だったと思われる。

しかし、寛文五年正月の店卸では、総資産は銀一二四貫五七三匁余となっており、その半分をこえる銀六七貫六一四匁余が江戸店の有物である。また、京都で仕入れた小間物類が銀一一貫五四一匁あり、大坂で買取った小間物の残有物が銀一貫一〇〇匁、「京荷・大坂・堺荷共ニ道中船荷有物」という輸送途中の荷物が銀九貫七五九匁余あるので、資産の七二％強が小間物関係であったといってよい。なお、江戸店有銀も七貫七六九匁あったから、寛文五年の段階では営業の中心は江戸の小間物店となっていた。

ただし、材木店としての活動もつづけていたようで、大坂や桑名でも京都と同じく有木代が書き出されている。天和四年（一六八四）正月店卸には、銀二貫九七六匁余が「尾張買有木」として記されており、「太福帳」記載の最後の年である貞享五年（一六八八）正月店卸には、白木有物・白木掛とともに「尾州買木大坂ニ有」として銀五貫五九九匁があげられており、材木関係と判明する項目合計銀は四八貫八五五匁余あるので、江戸出荷はなくなっても京都・大坂での材木商売は京の「木見世」（貞享五年店卸にみられる）によってなされていたらしい。

「古今記録帳」にはその年の江戸店支配人がずっと記載されており、寛文三年から延宝二年（一六七四）まで中川治兵衛の名があげられている。もっとも寛文十三年に、支配人が二人になった旨が記され、横田太兵衛が加わった。江戸店開店にあたり、中川治兵衛以下何人の奉公人がいたかは不明であるが、寛文十年に川崎五郎右衛門手跡の家内掟《かないおきて》が京都から送られ、これを守るべく中川治兵衛あてに誓いの署名をした者は、横田太兵衛以下一〇人と、下男と思われる名字なしの者四名である。一〇人のなかには子供（丁稚《でっち》）らしい名前の者もいるので、開店当時は支配人と数人の手代・子供・下男たちにより営業がなされたとみてよかろう。

呉服店への発展

「古沢氏書物」のなかに、白木屋の商売物のはじまりは材木であり、その後小間物をはじめ、またしばらくして木綿類と縮《ちぢみ》類をあつかったところ、年増し繁昌したのでまたまた呉服物をそろそろと仕入れるようになったという旨の記事がある。「古今記録帳」によると、

○寛文五年　今年より紙入地類を仕入れる、紙入地は小間物に次ぐ品であるから、なお

さら出精し、年々売増すように心掛けるべきである。

○寛文八年　当年より羽二重《はぶたえ》類を少々ずつ仕入れる。
○寛文十一年　当春より上州絹をはじめて仕入れる。
○延宝六年　当年より紗綾《さや》・縮緬《ちりめん》・毛氈《もうせん》類を仕入れる。
○延宝七年　当年より晒布《さらしぬの》・木綿類をはじめて仕入れる。
○天和元年　当年より木綿羽織地・着尺《きじやく》・麻上下《かみしも》等を仕入れる。
○貞享元年　当年太物店《ふとものだな》できる。
○貞享三年　当年より郡内嶋を仕入れる。
○元禄六年　当年より糸物類の仕入方が格別多くなる。
○元禄十年　当年より商内事が五割増となり、江戸衆中に祝儀銀子が与えられる。

とあり、小間物↓布・木綿↓呉服物という順序での仕入物拡大とは必ずしもいえないようにみえる。まず羽二重・上州絹・紗綾・縮緬といった無地の絹織物、ついで晒布・木綿、さらに糸物類と呼ばれる京都産の高級絹織物といった形で仕入商品をふやしていったのであろう。そのなかには、上州絹・郡内嶋といった東国産の織物もふくまれている。後年、江戸の呉服商人は、京都西陣産の高機《たかばた》による織物・輸入織物以外に、いざり機《ばた》で織られた諸国絹や麻を仕入れて京都へ登《のぼ》せ、練《ねり》・染《そめ》・張《はり》といった仕上加工（練というのは、織る時に糸に糊をつける必要があり、織りあがった平絹が固く重いものになっているので、水のなかでよくすすいで糊分を落とすことをいう。そのうえでいろいろな色合いに染め、あらためて糊をつけて張る）をほどこして江戸に下《くだ》した。当時の白木屋がこれら地方絹などを現地に買役を派遣して仕入れたとは思えないので、京都所在の地方絹問屋を通じて入手したものでもあろうか。

このように小間物店から呉服店への発展をとげる間、彦太郎は京都にあって江戸店と連絡をとりながら、諸商品の仕入や材木の売掛け金徴収に励んでいた。大村家所蔵文書のなかに、初代彦太郎可全が長男彦市郎（後二代彦太郎安全）にあてた手紙と、彦市郎が父にあてて大坂から送った手紙がある。大坂高麗橋《こうらいばし》の播磨屋五郎兵衛方に滞在して買物にあたっている彦市郎に対し、彦太郎は銀五貫目を下すとともに、江戸での商事がうすく、世間より安く売っているという便りが届いていること、大坂での船荷物を一日も早く積みこむよう、堺へもその旨をいってやるよう指示を与えている。末尾には「お竹まめニて待かね申候」とあるので、孫娘も生まれていたようだ。この父からの六月三日付書状は、六月一日付の彦市郎からの手紙への返状だったようである。六月一日、彦市郎は大坂から木綿代銀を払ったので、金一二〇両を播磨屋五郎兵衛から上り為替としたから、手形持参次第に渡してほしいこと、堺へも下って見合わせるといっているからである。彦市郎には奉公人二人が同行していたようで、主人父子が奉公人とともに京都・大坂・堺での仕入にあたっていたのである。なお、初代彦太郎可全は貞享元年（一六八四）に隠退し、安全が二代彦太郎として家督をついでいるので、この手紙はそれ以前のものと推定できる。

なお、「太福帳」記載の最終年である貞享五年正月店卸では、総資産は銀六〇四貫九〇〇匁余となり、河崎五郎右衛門全徹その他からの預り金などを差引いた純資産でも銀五二八貫八七三匁余となって、材木店当時とは格段の伸びを示している。元禄期に入っていっそう成長したことは、前述の元禄十年（一六九七）、「古今記録帳」の記述からもうかがわれる。白木屋は呉服店として以後頭角を現すようになったのである。

発展期の白木屋

元禄期の白木屋の情況を、大村家に遺る書状によりみてみよう。書状を出しているのは江戸店支配人たちであり、あて先は京都にいる初代・二代彦太郎や五郎右衛門全徹である。なお、初代彦太郎可全は隠居後は道慈と称しており、元禄二年（一六八九）に没した。可全隠居後は二代安全が享保四年（一七一九）世を去るまで彦太郎を名のっていた。

元禄二年正月のものと推定される安藤八郎兵衛・松本甚兵衛・泉原利右衛門が、道慈・二代彦太郎あてに出した書状によると、同時に、「勘定目録」と称された店卸勘定を京都に送ったらしい。江戸店から本店にあてて、一年ないし半年ごとに営業報告書ともいえる店卸勘定を提出するのが一般的であったようで、後年の白木屋では支配人が直接京都に持参したらしいが、元禄ごろは他の書状や現金と同じように飛脚に託して登《のぼ》せている。

この支配人三人の書状とともに、手代・子供までふくめた江戸店奉公人全員から、道慈の病気がよくなったことのお祝い状が同時に登されたらしい。正月二十一日の日付であるが、実はその前日の正月二十日に京都で道慈が没しているので、一時快気の報に対するお祝い状はその前に発せられたものであろう。この二通の書状により、当時の江戸店の構成は支配人三人（前年までは二人、翌年からまた二人となる）、手代一七人、子供二人であったようである。このほかに下男がいたであろうが、それにあたる名前は列記されたなかには見当らない。寛文五年（一六六五）当時と比べると、ほぼ倍増した奉公人たちによって運営されるようになったのである。

支配人たちの書状では、販売高は去年より少し多くなる一方、残掛は少しではあるが少なくなった旨を述べており、その前年のものと思われる松本・泉原両支配人からの書状で、残掛が多く、このように掛になってしまってはどれほど商売をしても駄目だといっているのに比べ、明るさが目立っている。ただし前年同様、とくい衆への付け届けそのほか物入りが多いこと、また奉公人も増しているのでその費用もかかり、商売の量をふやさねばあわないとのべているので、積極的な商法をとる方針を決めたものと思われる。そして、当春より手代のうち安藤与右衛門を内におく代りに小野長右衛門を出すことにし、岡茂兵衛をきせるのせりに十二日から出したこと、下村五兵衛は当春も現銀売に毎日出しているとのべているところから、店内での販売とともに外回りを熱心に行ない、きせるのような小間物商品のせり売、呉服物の現銀売をやっていたことがわかる。「古沢氏書物」では、〝御家は元来古風な店であって、以前より問屋売ばかりやっており、世上の呉服店とは違う〟といっているが、これは元禄期の拡大期をへて、大店としての評価が定まった後のあり方であって、二〇人ほどの奉公人でこのように手分けしてせり売・現銀売をしている状況は発展途上期に諸種の可能性を模索していたことを想像させるのである。

元禄期のとくい先はまだ江戸市中が主であったようで、武家の財政状況が小間物・呉服商売に大きく影響した。安藤八郎兵衛・松本甚兵衛の両支配人が彦太郎（安全）・彦四郎（貞享五年生まれ）にあてた書状（元禄四年から八年までの間のものか）によると、当時米が安くて武家が困窮し、そのため代金の支払がない、特に松平尾張守屋敷などは切米《きりまい》さえ出ない状態であって、武家屋敷出入の町人たちはことのほか難儀を訴えているといっており、華やかな元禄風俗も武家財政の動向に大きく規制されていたことを示している。

このため、同時期の五月十九日付書状では、帯地・羽織地・着尺・袴《はかま》地・裏地類の江戸在庫状況を京都に知らせてあるが、羽織地は秋口まではいらない、紋竜《りゅうもん》紋三反はこちらではなんとしても売れないので飛脚に託して登せるので、預った先に断って戻してほしいといっており、商売の内容もまだつつましいものであったといえよう。

なお、その後の白木屋については、林玲子著『江戸店犯科帳』(吉川弘文館刊、一九八二年)を参照されたい。この本は東京大学経済学部所蔵「白木屋文書」によっており、白木屋については現在史料集を一冊刊行し、二冊目を準備中である(『白木屋文書　問屋株帳』るぼわ書房発行、吉川弘文館販売)。

白木屋の家法

近世の商家では、それぞれの状況に応じて家憲や店掟《たなおきて》を定めることが多かった。特に遠く離れた出店では、支配人はじめ奉公人だけが働いており、主人が直接経営にあたることは難しかったから、出店を対象とする店掟がつくられ、その遵守《じゅんしゅ》を奉公人たちに誓わせたのである。

白木屋の「家内掟」は前にのべたごとく、寛文十年（一六七〇）九月のものが「古今記録帳」に記載されている。後年のものと異なり、全三ヵ条の簡潔なもので、第一ヵ条はきまり文句である公儀法度を守ることというのであるから、実質二ヵ条といってよい。第二条では、傍輩《ほうばい》衆中は誰によらず、悪事は申すに及ばず、少しでも非儀をする者は見つけしだいに隠すことなく申し出ること、また心入れが合点しかねる者がいたら、誰であっても申告することとあり、奉公人同士の相互規制をはかっている。第三条では、諸事非儀がないように自分を慎しみ、正直に勤め、偽りを言わないこと、また他所において「女さばくり」をしないようにと注意している。最後の項は、公認の遊郭である吉原以外での女遊びを指すものだろうか。全体として精神的な規制を示したなかで、具体的な禁止事項はこれのみであり、男世帯のなかで長期にわたる江戸店奉公人の生活を思わせる家内掟である。

「古今記録帳」の宝永五年（一七〇八）の項には長文の「御家式目」が記述されている。寛文の家内掟と異なり、まず最初に儒教的な徳目をのべたうえ、具体的な諸注意や衣類定法などをあげている。まず私用の外出については支配人に断ること、ちょっとしたことで近所に行くときも老分の者に断って出かけること、火の用心や夜番、火事のさいそれぞれの役目を混乱なく勤めること、また台所で寝たり、用もないのに長居をしないことなどの注意事項が並ぶ。衣類については、①二十歳まで、②二十〜二十五歳、③二十六〜三十歳、④三十一〜三十五歳、⑤三十五歳以上の五段階にわけ、つねの衣類はすべて木綿を着用することとし、嗜《たしな》みの衣類については、②は太織《ふとおり》、③は紬《つむぎ》、④は紗綾《さや》・竜紋《りゅうもん》、⑤は絹紬・郡内《ぐんない》までを用いることを許した。嗜みの衣類をこしらえる時は上役に相談すること、絹紬の衣類でも風流な色合、格別の大模様の縞や派手なものはつくってはならないと戒めている。

さらに絹の股引の禁止、羽織も分限相応であること、脇指や鼻紙袋などの所持品についても華麗なものはさけることなどの注意事項があり、足袋《たび》はふだんは革足袋をはくべきで、近年子供（丁稚）以下まで木綿足袋をふだんはくのは不届であるとし、子供で革足袋を持っていない者は上役に断ってから使用するよう命じている。ただし、遊山などに出るさいは子供であっても木綿足袋をはき、絹紬・郡内などの帯をしめてもよいとした。さらに、下男たちについては、木綿類であっても格別高値の物はこしらえてはいけないとしている。

享保改革の過程で問屋を対象とする諸政策がとられていた享保八年（一七二三）、宝永の式目よりいっそう細かな規定をふくむ「定法」がつくられている。少しの買物をしたお客を丁寧にあつかうこと、売掛け金や手付金請取に対して印形取りや押印をきちんとすることなど毎日の勤務に関する諸注意とともに、退店に関する規定があることが注目される。「暇《いとま》を請《こ》」うた者が江戸に在住してはいけない、何か仔細がある場合は支配人に断って相談し、京都の本店に断ってから江戸に居住すること、また京都に住居して江戸に縁を求め、仕立物その他まぎらわしい商売をしてはならないといっているので、主家と同じような呉服商売を行なうことは禁止されたらしい。また、「中途に暇を請」い、他家を相続するようなことは前々から堅く禁止しているが、これもよんどころない仔細があれば詮議のうえ京都へ訴えるように、としている。この「暇を請」うことができるのは、一定の年月を勤め上げた者に限られ、少なくとも小頭《こがしら》以上の役職についた段階で許されたようである。

なかには家法に背いたため、解雇された者も出るようになるが、在所に帰った場合江戸店との手紙のやりとりをしてはならないし、江戸で出逢っても話しかけてもいけないと、厳しい態度を示している。

その他、自分商内《あきない》をしてはいけないとか、在所の者が縁を求めてかせぎに来ても内証で商売をしてはいけない、外出のさい土蔵の内から直接出ることの禁止、小さな風呂敷包みであっても持出すときは改めをうけること、たとえ隣家であっても心安く出入するなど世間付合いはしてはならない、少々の金銀であっても貯え所持することの禁止など、不正につながる行動を具体的にあげて規制していることが目立つ。奉公人の人数が増し、退店者・解雇者の存在も無視できなくなったのであろう。

東京大学経済学部所蔵の「白木屋文書」には家掟類が多数あり、いずれ、史料集に収録したいと思っている。これらは近世中後期のものが主流であり、前にあげた『江戸店犯科帳』にも一部使用している。

呉服・両替問屋三井越後屋

伊勢商人越後屋の江戸店

近江《おうみ》育ちで初期は人・資本とも近江に支えられた白木屋は、本店を京都に設けたにもかかわらず、奉公人の大部分は近世を通じて近江出身者だった。ただし出身は京都以外なのに京都に進出して本店を設け、江戸店あるいは他都市に出店を持つ場合があり、伊勢松坂を本貫《ほんがん》の地とし、近世を通じて宗門人別帳上は松坂を動かなかった三井家一族のような例もある。ただし奉公人は京都やその周辺、あるいは伊勢の人びともいた。また一族のうちには松坂に住む者もあり、松坂店も設けていたのであって、江戸店持京商人《えどだなもちきょうあきんど》にもいろいろな型があったのである。

近代に財閥となり、現在でも著名である三井について、その出発点を以下にみてみよう。

十六世紀末の松坂に居を構えた三井則兵衛（高俊）は、質屋、酒・味噌の商売をはじめたが、自身は連歌・俳諧・遊芸などに打ちこんで、家業は妻珠法《しゅほう》にまかせきりであった。伊勢国丹生《にう》の永井家から十三歳で嫁入りした珠法は、則兵衛との間に四男四女をもうけたが、三十余にして夫を失い、以後女主人として商売に励んだのである。

則兵衛の妹妙休は伊豆蔵《いずくら》五代目の鈴木甚兵衛秀信に嫁し、その没後に妹清寿が後妻となった。また、則兵衛・珠法夫妻の長女たつは射和《いざわ》の富山《とみやま》九左衛門定能に嫁し、その没後には三女かめが後妻となっている。伊豆蔵や富山は三井家より前に江戸に出店を設けており、則兵衛・珠法の息子たちが江戸に下るにあたって種々の便宜を与えることになった。

珠法は娘たちを伊勢で富山や小野田、実家である永井に嫁がせるとともに、息子たちは次々と江戸に下して自立させた。次男清兵衛弘重は桐生《きりゅう》桜井氏の養子とし、晩年になるまで彼女独りで松坂の店を支えたのである。

長男三郎左衛門俊次（浄貞）は慶長十三年（一六〇八）に生まれ、若くして江戸に下り、本町四丁目に小間物の店を開いた。弟高利《たかとし》の子高治《たかはる》の作である「商売記」（享保七年〈一七二二〉）に、開店以来「当辰年《たつどし》迄凡《およそ》九十余年ニ及」ぶとあり、享保七年は寅年《とらどし》であるところから、この辰年は正徳二年（一七一二）を指すものと思われる。それより九〇年前は元和八年（一六二二）である。あるいは年齢の数え方と同じく、当年、二年前といったように数えれば、元和九年が九〇年前にあたるのかもしれない。元和八年に俊次は十四歳であり、あまりに若いように思われるが、慶長十九年（一六一四）生まれの弟三郎兵衛重俊《しげとし》（浄智）も江戸へ下って兄俊次とともに商売に励み、寛永七年（一六三〇）重俊十七歳のときに一時別の店を出したというので、こうした少年たちの活躍できるような状況が当時の江戸にはあったのだろう。

　俊次・重俊兄弟が一緒に四丁目店で商売をしていたころ、まだ元手金はわずかであったが、二人とも商人としてすぐれた腕を持っていたので、他の古い店を追いまくり、日々繁昌したという。ところが俊次は生まれつき闊《かつ》達《たつ》な性格で、男伊達《だて》の仲間となって「悪性らしき」ことをしたり、博奕《ばくち》などにもかかわっ

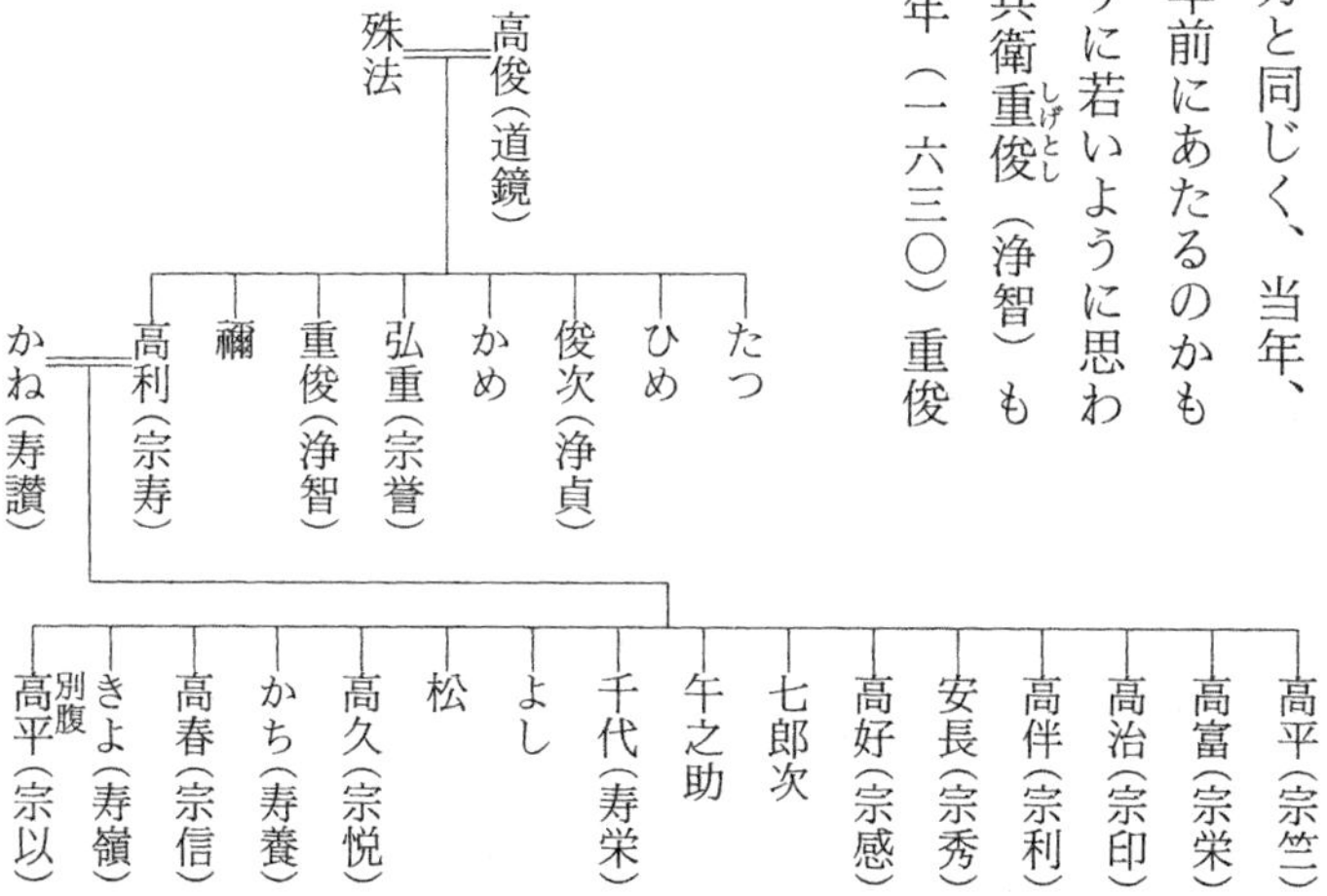

たので、重俊がたびたび意見をしたが、いっこうにきかない。当時俊次は二十二歳、重俊は十七歳といった血気さかんの折である。

とうとう重俊は四丁目の店を去ることになり、五〇両の元手で中橋へ別の店を出して自立した。一、二年するうちに俊次の店のとくいは過半重俊のほうにとられてしまう有様となり、仕方なく俊次から和睦《わぼく》を申し入れ、再び兄弟一緒に商売するようになった。しかし、江戸にいては良くない仲間が多いから、兄者は京都に登り仕入を担当するようにと重俊から差図され、俊次は京都、江戸は重俊と兄弟離れて営業することにした。上京した俊次は他家の二階を借りて下宿住いをし、一、二人の手代を使って買物・仕入を行ない、江戸に下した。重俊の指揮のもと、これを販売する江戸店はいたって繁昌し、本町一丁目・二丁目にも呉服店を設け、四丁目の店とともに都合三ヵ所となり、それにともなって京都でも俊次が広い屋敷を求め、能舞台までつくっている。

江戸の三ヵ所の店では銀二〇〇〇貫目ほど売上げ、決算勘定の目録での元手も銀二〇〇〇貫目をこえていたという。公定比価である金一両＝銀六〇匁で換算すれば、この銀高は金三万三〇〇〇両余になるわけで、急速な発展ぶりがうかがわれる。奉公人の人数も増し、四丁目店は四十四、五人、一丁目・二丁目店はそれぞれ三十四、五人いたというから、三店では一一〇人をこす大世帯であった。

これらの奉公人にまじって、三井同族の者も江戸店の明け暮れを経験している。たとえば高俊の次男弘重の長男は伯父の四丁目店で手代として働き、高俊の末子であって三井越後屋の初代となった高利（宗寿《そうじゅ》）、その子の高平《たかひら》・高富《たかとみ》・高治も少年期から兄・伯父の江戸店に勤めたのである。

高利の江戸下り　八人兄弟姉妹の末子である高利も寛永十二年（一六三五）には十四歳となった。珠法はこの最後の男子も手もとにおかず、江戸に下すこととした。従兄弟にあたる伊豆蔵甚三郎（十五歳）が同道、供の下男を一人連れての旅であった。

高利の晴れの出立にあたり、珠法は伊勢の特産である木綿を金一〇両分与えたらしい。高利が二十八歳になったとき居宅を購入したが、それまでにこの金一〇両の資本は利を重ね、およそ銀一〇貫目（公定比価なら金一六七両弱）にまでふえ、役に立ったという。

江戸の兄俊次の店で働くようになった高利は、呉服商売の道にひたすら励んだ。当時の売買は支払が盆・暮や節句前の掛売りが一般的だったから、とくい先からの取立てが重要な仕事であったが、高利はこの点では俊次・重俊の二兄が及びもつかない腕前で、相手次第にうまく対応して成績をあげたという。

高利は失敗をすることがあってもそれを次の教訓とした。たとえば遠路江戸に仕入に来た奥州筋の商人にうまいことを言って高く売り付けると、その時はもうけたようではあるが、国元で高すぎて売れないため、翌年からは注文がこなくなる、こちらも相手方も両方の損となったと反省をしている。

人事に関しても高利の鑑識はすぐれていた。俊次の店の支配人となった者に越後屋庄兵衛という人物がいたが、これは上総国出身で、裏店《うらだな》住いの飯たき男であり、ふつうなら店奉公人としてはあつかわれない境遇にあった。しかしその人物を見こんだ高利は、彼を引立てついに手代の頭である支配人の地位につけたのだった。勤めあげた庄兵衛は別家となり、子孫は本町一丁目の家持で、幕府の御蠟燭《ろうそく》御用を勤めるほどの商家になったという。

元気な珠法も五十歳をこえたので、三兄重俊は松坂に帰ることとなり、その跡を高利が引継いだ。元銀一〇〇貫目にいくらか不足といった本町四丁目店の資産を、一〇年たらずのうちに一五〇〇貫目の身代にまでしたのも高利の才覚であった。彼自身は金八〇〇両の屋敷を本町二丁目で買求め、後にこれを一五〇〇両で売払い、ほかに正金一五〇〇両、銀三〇貫目を普請《ふしん》に遣《つか》った居宅を江戸での資産として持ち、商人として自立できる基礎はすでに整っていたといえる。

ところが、伊勢に帰った兄重俊が慶安二年（一六四九）に三十七歳で没した。高利は江戸・京都に自分の店を持ちたいと思っていたが、俊次はどうしても承知せず、老母珠法にもその旨を告げ、重俊が死去したこともあって、高利はしかたなく松坂に帰郷することになった。自分の才覚でふやした四丁目店の資産をそっくり俊次に渡し、支配人には前述の庄兵衛を残して伊勢に帰ったのである。時に高利は二十八歳の若盛りであった。

松坂での高利は、それまで貯えた資本を元手に、大名貸しや郷貸しなど幅広い金融業を営んだ。江戸の本町二丁目に角屋敷を所持し、その家賃収入があったが、それを松坂での村々への貸付である郷貸しに回すなど、江戸の資産も運用されている。

また、長かった独り暮しに終りを告げ、松坂出身の豪商中川家から妻かね（後に寿讃《じゅさん》）を迎えた。江戸で本両替の店を持つ中川家は江戸に居住することが多かったのか、江戸で育ったかねは十歳たらずで母に死に別れ、十三歳で上方《かみがた》に登り、十五歳で高利のもとに嫁いだのである。高利が「元来こまか成人《なる》」であるうえに、義母の珠法は「勝《すぐ》れて細《こま》かに六《むづ》ケ敷人《かしき》」「千人に勝れはけし《（激）》きしうとめ《（姑）》」と孫たちに評されたしっかり者とあって、かねは鍛え抜かれるのであるが、高利とは琴瑟《きんしつ》相和したようで、男子一〇人、女子五人と驚くほど多数の子女に恵まれ、うち男子二人が二歳で、女子二人が九歳・四歳で没したほかはすくすくと成長した。特に長男高平（宗竺《そうちく》）・次男高富（宗栄）・三男高治（宗印）・四男高伴（宗利）・五男安長（宗秀）・六男高好（宗感）と、六人の男子が承応二年（一六五三）から寛文二年（一六六二）までの一〇ヵ年にあいついで生まれたことは、高利とともに三都に進出する人材を身内に得たことになった。

人材の育成

　高利・かね夫妻一五人子女の長男高平は、十五歳になると伯父俊次の本町四丁目店に勤めるため、江戸に下ることになった。若き日の父高利が盛りたてた四丁目店ではあるが、手代同様に働いた。もっとも長男ということもあって、手代たちは殿《どの》づけで名前を呼び、店子《たなこ》たちは様《さま》づけで尊敬の意を表したという。支配人に対しても発言権があったようで、若いのに役付きとなった。

　一つ違いの弟高富もやはり十五歳で同じ四丁目店に下ってきた。兄とは異なり次男であるところから、手代たちのあしらいは一段とさがり、掛取りに出かける手代がいると、寒夜であってもちょうちんを持ち、供をしたという。その当時支配人は丸盆の足付きの膳で自分用の椀《わん》を用いて食事をしたが、手代たちは一〇人分の椀を湯のなかで洗いかえ、代りあって飯をたべた。高平・高富もこの仲間だったらしい。

商家では子供と呼ばれた丁稚《でっち》時代から奉公をはじめ、一人前の手代になるまでは仕着《しき》せが与えられるだけで、給金が支給されないのがふつうであった。主家の一族ということで、手代としてあつかわれても、高平・高富とともに仕着せとして木綿の着物一つ、高宮嶋（縞）の帷子《かたびら》一つが与えられただけで、ほかは五節句・夷《えびす》講《こう》などに銭一〇〇文ずつが小遣《こづかい》として渡されるだけであったというから、待遇は子供なみであったといえる。

高富とは三つ違いの三男高治が伯父の本町一丁目店に勤めるようになったのも、兄たちと同じく十五歳のときであった。これはまた三番目とあってなおのことあしらいがさがり、普通の子供（丁稚）同様の勤めをしなければならなかった。食事のときも、手代たち全部に給仕をし、それが終ってから下男たちが飯を食べるときに、ようやく一緒に箸《はし》をとるといった有様だった。

このように次々と男子を江戸に下した高利は、彼らの成長を待って年来の望みを実現するつもりであったから、息子たちだけでなく奉公人にも江戸の店勤めを経験させた。松坂で幼少のときから三井家につかえた徳右衛門を、俊次の四丁目店に若年の折から勤めさせたり、南都（奈良）の利右衛門を俊次の二丁目店に預けたりしたのも、将来の布石を考えたからであった。

延宝元年（一六七三）七月十四日、俊次が急病で没したので、高利の江戸進出を妨げるものはなくなった。伊勢での金融業により、資本もある程度準備されたが、なんといっても高平はじめ成長した息子たちや、江戸で修業させた奉公人たちという人材を備えたことがなによりの強みであった。

越後屋呉服店の開業

いよいよ新しい越後屋の旗上げである。まず江戸で、本町一丁目に高平の名で間口一丈（約三メートル）の店舗を借りた。この店につめたのは、高富・高治の兄弟と徳右衛門・利右衛門の四人、さらに手代四、五人、子供二人、下男一、二人であり、そのほか俊次の一丁目店から九兵衛という手代を雇った。

弟たちに江戸店をまかせ、高平は京都に登って仕入にあたることになった。室町通二条下ル蛸薬師《たこやくし》町に江戸と同じく間口九尺の二階家を一ヵ年銀二〇〇目で借りたのである。一階は見世が四〜五畳、居間六畳、台所四畳といった間取りであり、台所の上が主人の部屋で、七〜八畳敷一間が二階にあり、手代の部屋として使われた。裏の空地には防火用の穴蔵代りに一六石入の大酒桶をいけてあった。

伊勢からも父高利が十五歳になったばかりの四男高伴を連れ、上京してきた。京都でも江戸店と同人数ほどの手代・子供・下男を使い、親子兄弟が江戸・京都に分かれて家業に励んだのである。京都での仕入にあたっては、質素な木綿物を身につけた高平が品物を残らず手に取り、細かく吟味した。若手の高平が丹念な仕入を宗《むね》としたのに対し、年来思案を重ねてきた高利は、下値とみればたとえ江戸からの注文がなくとももどんどん買付けてしまった。大名屋敷などを出入先にもたぬ新店の越後屋は、中小の町見世や行商人、切売の売子などを顧客とし、さらに親類の伊豆蔵で見聞した店前売《たなさき》（現銀売）の方法を取入れたため、大衆的な商品を多く仕入れねばならなかったのである。従来の呉服商は出入先のお屋敷から注文を受け、それにもとづいて京都から仕入をするため、例年きまり切った買物を繰返していた。代金の受取りも盆暮まで待たされるのがつねであった。

これに対し、店頭での現銀売による安売りをはかった越後屋には諸階層の顧客がつめかけた。商機を見るに敏な高利は、安い商品に目をつけると大量に買付け、その需要にこたえたのである。ある時などは染物の買付けをしようと高利がしきりにすすめても、慎重な高平がいっこうにうんといわないので、高平が参宮に出かけた留守をねらって自分で買入れ、江戸に下した。高富たちに書状でその事情を知らせたうえ、さらに染物の注文を上《のぼ》せるよう高利は指図している。

当初は町内のせり子たちが買入れに来て簞笥《たんす》の引出しをあけてみると、売物である織物がなくて紙くず、編笠《あみがさ》が入っているといった状況であったのが、精力的な高利・高平らの仕入活動と、江戸での高富らの積極的な販売活動により、ぐんぐんと営業成績はあがっていった。最初の半年でなんとか銀四〇貫目ほどの商いをと手代たちが念じていたのに、実際にはその倍の八〇貫目の商い高となり、翌年には二六〇〜二七〇貫目へと急速に成長したのである。

しかしこれだけ商い高が増せば、当然仕入のための金繰りが必要となる。江戸での現金売や、質屋への入質などにより代金回収の速度をはやめてもとても追いつかない。他借や延為替をしたり、仕入代金の支払を翌春に延ばすなどの策をとることもあった。高利が松坂で金融業をこれまで営んできたところから、同地で金銀の才覚をしたらどうかという意見が店内から出たのに対し、高利は次のような反対意見をのべている。

　お前たちはまったく商いの見通しが立たない連中だね。松坂で金子を才覚してもおよそ高が知れている。そんな僅かの才覚がかえって京都での大きな金融の妨げになるのが解らないのかね。京都の商人たちは伊勢参宮のときには松坂のはたご屋に泊まるが、そのさい地元の者から身上の良い悪いについてうわさを聞くことだろう。狭い地域で金子百両の借金をすれば、京都で五千両借りるよりもずっと悪く取り沙汰されるのだよ。

当時、大名貸をふくめて金融の中心地となっていたのは京都であり、那波屋九郎左衛門・両替善五郎・辻次郎左衛門などの両替商たちが栄華を誇っていた。京都は高級織物の産地であるとともに金融の中心地として、江戸とも深い関係を持っていたのである。

越後屋江戸店の構成

ぐんぐんと売上を伸ばした越後屋は、江戸本町一丁目店だけでなく、さらに本町二丁目にも延宝四年（一六七六）に店舗を設けた。この開店を指揮したのは高富であるが、一、二年後には弟の高伴が主管した。営業規模の拡大にともない、奉公人の人数も増し、なかには「ぬす人」と高利からきめつけられたり、解雇された者もいたが、それを上回る新規採用がなされ、両店とも二〇人前後の人びとが働くようになった。

ではこの開店して間もない両店では、どういう地域出身で、どのくらいの年齢の人びとが勤めたのだろうか。延宝八年を例にとり、両店の構成をみてみよう。まず一丁目店には次郎右衛門高富二十七歳、勘右衛門高好十九歳がいる（表2参照）。高利六男の高好も江戸に出、兄とともに働いていたのである。奉公人のうち、惣兵衛から加兵衛にいたる八人は、延宝元年の開店当時からのメンバーである。当初は惣兵衛・利右衛門より十一歳年上の九郎兵衛がいたのであるが、延宝八年には退勤したのかその名がみられない。彦右衛門以下七之助までの八人は開店後に雇用された人びとである。なお、この間に入店した者が何人かいたが、前述したように「ぬす人」「少ぬノ字」など高利の意にそわなかったり、「おい出し」「隙出し」と解雇されたりで、延宝八年には姿を消している。

また、名前・年齢からみて、松之助・七之助は子供（丁稚）と考えられ、加右衛門以下三人は下男である。総人数二一人であった。このうち伊勢出身は一一人、京都三人、近江二人、伊賀一人、三河一人と上方方面出身者がほとんどで、江戸出身は三人にとどまる。伊勢では松坂が三井家の二人をふくめて六人で、宇治・津や農村部生まれが五人いた。なお、伊賀出身の利右衛門は、高利の指図により俊次の二丁目店に預けられた南都の利右衛門であろう。

年輩であった九郎兵衛もおらず、最年長者の新兵衛も三十七歳で、三井家の二人をふくめ若手中心の店であったといえよう。そしてその大部分が上方出身であって、少年時代に江戸に下ってきた人びととみてよい。

ではより新しい店である二丁目店はどうであろうか。ここを管理するのは二十二歳の源右衛門高伴であった。延宝元年に父高利とともに京都に登った高伴は、その後江戸に下って高富を助け、二丁目店を率いるようになったのである。二丁目店の延宝八年における構成は、開店当初からの弥兵衛から五兵衛にいたる五人と、その後に入店した吉左衛門から平三郎にいたる八人が店勤めの奉公人で、下男が二人おり、源右衛門以下総数一六人であろう（表3参照）。奉公人たちは一丁目店とは別に集められたようで、移動した者は見当らない。なお、二年前には弥兵衛より二歳下の京都出身の善兵衛、市郎兵衛より一歳上の伊勢松坂出身の伊右衛門がいたが、善兵衛は退店し、伊右衛門は「上《のぼ》り」と史料に註記されているので、松坂に帰ったらしい。このほかにも五人が退店ないし解雇されており、かなり激しい入れ替りがあったようである。

表2　本町1丁目店の構成

次郎右衛門	27歳	伊勢
勘右衛門	19歳	伊勢
惣兵衛	31歳	近江
利右衛門	31歳	伊賀
新兵衛	37歳	江戸
十右衛門	28歳	京都
十兵衛	29歳	京都
太郎兵衛	25歳	江戸
左兵衛	24歳	伊勢
加兵衛	22歳	伊勢
彦右衛門	30歳	近江
勘兵衛	20歳	京都
七郎兵衛	22歳	伊勢
勘兵衛	18歳	伊勢
半兵衛	20歳	伊勢
松之助	17歳	三河
久兵衛	18歳	伊勢
七之助	16歳	江戸
加右衛門		伊勢
八助		伊勢
三助		伊勢

延宝8年(1680)の状況。

表3　本町2丁目店の構成

源右衛門	22歳	伊勢
弥兵衛	42歳	江戸
市郎兵衛	28歳	伊勢
又兵衛	27歳	大坂
四郎兵衛	22歳	伊勢
五兵衛	22歳	伊勢
吉左衛門	53歳	近江
金兵衛	25歳	伊勢
利兵衛	18歳	伊賀
次兵衛	30歳	伊勢
忠兵衛	17歳	伊勢
権兵衛	25歳	京
亀之助	16歳	大坂
平三郎	17歳	淀
七助		伊勢
市助		伊勢

延宝8年(1680)の状況。

延宝八年時の出身地別人数は、一六人中伊勢が九人、大坂が二人で、京都・近江・伊賀・淀・江戸が一人ずつであり、一丁目店と同じく半分以上が伊勢出身である。構成からみるならば、両店はほとんど同じといってよいのであるが、営業の仕方では異なった点があった。前にのべた「店前売《たなさき》」はこの店ではじめられたのだが、それまでの屋敷売り、売掛けの商法と異なり、庶民層をふくむ顧客たちを店にひきつけるのに大きく役立ったのである。若い高伴に率いられ、新店開業の奉公人たちにとっても、新天地を拡げるための商法として歓迎すべきものであったと思われる。

越後屋呉服店の繁栄ぶりは同じ本町に店を並べる呉服屋たちの脅威となり、いろいろないやがらせがなされた。そのため、呉服店の多い本町一丁目、つづいて本町二丁目にも開店した越後屋ではあるが、新天地を求めて移転をはかることとなった。

男伊達たちと越後屋

本町から少し南に駿河町があり、ここは両替商の町といってもよいところだった。この駿河町に人見正竹が拝領屋敷を持っていたが、その家守を和田平右衛門という町人が引受けていた。当時旗本や町人が男伊達《おとこだて》の組をつくり、喧嘩三昧の日を送っていた。明暦三年（一六五七）には町奴幡随院長兵衛《まちやっこばんずいいんちょうべえ》が旗本水野十郎左衛門に殺されるという事件が起こっている。これといった楽しみの場がなく、ひまをもてあましての旗本たちの行状に対処するため、町方では一〇町に一軒ずつ会所を設け、そこで旗本たちが集まって碁・将棋や俳諧などを楽しめるようにした。平右衛門の管理する屋敷地のなかにもこうした会所があったが、男伊達と呼ばれた平右衛門の気性は旗本たちに気に入られ、面白い親父《おやじ》といってこの会所には他よりも大勢旗本たちがつめかけた。

本町一丁目店には、前述のように、勘右衛門高好も働いていた。寛文二年（一六六二）生まれの高好は二十歳にみたぬ若さであったが、呉服類を風呂敷包みにして平右衛門のいる会所にも売りこみにやってきた。そこで平右衛門は、ここでの商いは掛売りはしないこと、その代り現銀で安く販売したらと条件を出した。これが旗本たちに好評で、安い安いと毎日のように商いができた。

昼の商売だけでなく、夜にもたびたび高好は平右衛門を訪れ、次のように言って世話をしてくれとせがんだ。

> 私どもはこの駿河町に引越し、現銀売の見世《みせ》を出したいと思っておりました。あなた様のお口ぞえで現銀売のさいさきも良く、商いもずい分いたしましたところから、ますますこの町に早く引越したいと望んでおります。

若い高好に熱心に頼まれ、平右衛門はいろいろと心掛け、一、二年たったころに町内の場所を世話し、天和三年（一六八三）に本町一丁目から駿河町への越後屋呉服店移転が実現した。ところが呉服屋たちのいやがらせは相変わらずつづき、町内の木戸に本町から引越した越後屋をそのままに置くなら、町中を焼払うぞという張札がなされた。町の人びとは肝をつぶし、両替屋ばかりの駿河町に呉服屋を引入れたのは、油のなかに水がまじったようなもの、平右衛門が世話したばかりに厄介なことになったと騒ぎ出した。幕府から厳しい取締りがあって、もし火を出す者があればその町内はいうまでもなく、関係者すべてが罰せられる、越後屋一軒と町内すべてとを引替えるわけにはいかないから、そうそうに立退いてもらいたいと町名主や町衆から申し渡されてしまった。

困り切った三井家の者たちが平右衛門のもとに来て嘆いたのに対し、十四、五町四方の口聞き、男伊達を誇る平右衛門は、「私には少し考えがあります。まあまり心配せずにおまかせ下さい」と胸をたたいて引受けた。まず町名主をはじめ町内には、越後屋に対し火札が張られたので立退けとのことだが、この人は年来の願いを果たすため私に世話を頼んだので、やっと町内に引越させたところである、火札は誰の仕業《しわざ》か知らないが、そんなことはさせないから自分に三年間まかせてもらいたいと申し入れた。これまで厄介なことがあってもうまくさばいてくれた平右衛門の言うことだからと、町内ではいろいろ文句もあったが彼に事を預けることになった。

火札を張ったのはきっと本町の者たちに違いないと思った平右衛門は、町年寄の一人である樽屋藤左衛門と縁がある仲だったので、樽屋に事情を話して本町の者があやしい、吟味してほしいと頼んだところ、その後火札を張るようなことはなくなった。町年寄は町役人の最高職であり、樽屋をふくむ三軒が代々その地位にあって、江戸の町政に大きな権限を持っていたのである。

一丁目店につづき、二丁目店も駿河町に移転、合体したが、店舗の拡大や営業成績向上のために平右衛門はその後も惜しみない協力をした。旗本たちに現銀売の宣伝を相変わらずつづけたが、高利九男の高久を白鞘《しらさや》組・編笠組などという旗本 奴《やっこ》の組頭のもとに連れて行き、現銀売の見世であると評判をたてるよう頼んだりもした。寛文十二年（一六七二）生まれの高久は、駿河町への移転当時は十二歳だったから、この話はそれより数年後のものだろう。いずれにせよ、若い兄弟が力を合わせて旧来の店の圧力にめげず、新商法でぐんぐんと伸びていく姿勢が、平右衛門や旗本たちのような男伊達の気風にぴったり合ったのだった。

三都を結ぶ為替手形

西国や日本海沿岸の東北・北陸諸国で収納された領主米は、領内では一部が知行米・扶持米《ふちまい》となったり、売りさばかれはしたが、換金するためには多くの部分が中央市場である大坂へと運ばれた。そして、米市場を通じて貨幣となったものを、幕府や諸藩は江戸に送る必要があった。当時の海運は必ずしも安全ではなかったから、金銀貨幣は陸上輸送によるのをつねとしたが、宿駅制度に依存する輸送態勢はたとえ公用であったにしても貨幣運搬を困難なものにしていた。各宿場に用意された規定人馬は次の宿場までしか使えないから、積み替えを繰返さねばならないし、大井川のように橋がなく、場合によっては足留めされる箇所もあったのである。

一方、大坂や京都など上方から江戸に向けて各種商品が送られるようになり、その代金として貨幣が上方へ運ばれる必要があった。こうした上方と江戸との間の逆方向の貨幣の流れを結びつけたのが為替手形《かわせてがた》である。両替商が間に入って手形での取引を行なうことによって、正金を遠路輸送する手間がはぶけるようになったのである。

こうした為替手形をあつかうような両替商は本両替と呼ばれる金融業者たちであった。江戸時代の幣制は金・銀・銭の三貨が中心であり、幕府が鋳造権を握っていた。ただし、農民層をもふくむ幅広い流通は銭貨にみられるが、高額の取引は西国では銀、東国では金によって決済されることが多く、三貨を両替すると同時に、東国から金で送った代金を西国では銀で支払うといった過程が両替商によってなされたのである。

上方から江戸への商品の流れは京都と大坂からのものがもっとも太かった。三井越後屋のような呉服屋は、京都西陣産の高級織物や、京都で加工された諸国産の平絹・麻織物などを仕入れて江戸店で販売するため、その代金を京都に送る必要があり、為替手形を利用することが多かったのである。そのほか、京都産の小間物や家具調度類など、江戸の武士層や町人たちの需要にこたえる諸商品は少なくなかった。

また、大坂からは繰綿《くりわた》・灯油など江戸のみならず東国一帯に求められる商品が海上輸送されてきた。その仕入金や代金を江戸を経由して送るさい、正金に代って為替手形が使われるようになっていくのである。十八世紀初頭、常陸下館《ひたちしもだて》の中村家が大和の繰綿問屋に代金を支払うにさいし、大坂の問屋が天王寺屋など本両替の下し金や、大名の下し金から手数料を引いたうえ、金を銀に両替して計算している。これは大坂から江戸への下し金を為替手形にし、正銀を為替商を通じて大坂問屋が受取って繰綿問屋に支払うとともに、江戸へその為替手形が送られ、常陸商人から正金がそれに対して支払われたことを意味している。

こうして江戸と京都、江戸と大坂との間の商品、貨幣の流れが為替手形によって結びつけられたのであるが、それを仲介するのは三都の本両替であった。両替商は金融業者でもあったから、三井高利のように伊勢での金融業の経験もあり、呉服という京都と江戸とを結ぶ商品をあつかうようになった者にとっては、両替商いは身近く感じられたことであろう。

三井両替店の開業

天和三年（一六八三）五月に本町一丁目店を駿河町に移したさい、この越後屋の新店舗に呉服見世《みせ》だけでなく両替見世が設けられた。

もっとも呉服見世が表間口四間、奥行が二〇間あったのに対し、両替見世は表間口三間、奥行七、八間で、その奥には台所や物置、呉服店の土蔵などがあり、呉服店に比べると両替店の規模は小さかった。奉公人人数も、呉服店が総人数二十七、八人いたのに対し、両替店は支配人のほか手代三、四人、子供一人がいたにすぎない。しかし、小規模ではあっても見世をはっきり別にし、支配人、奉公人がそれぞれ別の所属とされたことにより、金融業者三井が越後屋呉服店とは別個の経営体として歩み出すことになったのである。

二年後の貞享二年（一六八五）には、両替店は同町内の向北側に移転した。貞享四年にはその東隣に繰綿・木綿や絹・油類をあつかう綿店が新設され、奥には高伴の居宅がおかれた。

江戸での販売量の拡大は京都での仕入量の増加あってこそであり、同じころ京都では薬師町の東西の仕入店、さらに上之店《かみのたな》と呼ばれる織屋からの買入れを主として行なう店を越後屋傘下に擁するようになった。それとともに京都でも両替店設置がはかられ、貞享三年秋に新町通六角下ル町の西側にある表間口八間余、奥行二八間余の家屋敷が入手された。そこに伊勢から本拠を移した高利が居宅を定めるとともに、京両替店をその一角においたのである。当時高利は六十五歳であったがいたって元気で、伊勢に残された妻かねが、年寄となったのだから少しは遠慮し、養生するようにと手紙で忠告するほどだった。元禄五年（一六九二）、七十歳で庶出の末子高勝が生まれたほどであり、晩年には両替商いに熱心であったという。

京都は前述したように近世初期においては金融の中心地であり、諸大名への貸金を行なう両替商・商人たちも多かった。しかし、十七世紀半ばごろになると、海運網の整備により大坂が領主米や諸物資の集散地となり、畿内産の繰綿・油なども大坂を経由して江戸や各地に送り出されるようになった。前述したように、為替手形も大坂と江戸とを結ぶものが多く発行されるようになり、両替商の成長も著しかった。十七世紀末ごろには、京都でかつて豪商とうたわれた人びとが、大名貸の破綻などにより没落しつつあったのに対し、大坂は金融の新しい中心地へと成長していったのである。

元禄三年（一六九〇）、三井は大坂高麗橋一丁目に表間口六間半、奥行二〇間の土地を買入れ、ここに呉服店・両替店を開いた。こうして、江戸・京都・大坂の三都に両替店を持つことにより、三井は一流の金融業者となる基盤を築いたのだった。

幕府は直轄領を全国各地に持っていたが、そこで収納した年貢米のうち、西国や日本海側地域の分は大坂に送ることが多かった。ここで換金して幕府の御金蔵に納めた金銀を江戸に送るにさいし、諸大名と同じように為替手形による送金方法をとることを考えたのである。元禄三年にはじまる幕府の「御為替御用」は、三井をふくむ一二人の本両替商が引受けることとなった。

このやり方は、大坂御金蔵から銀を受取った両替商が、六〇日（後に九〇日）限りに金子でもって江戸の幕府御金蔵に上納するというもので、幕府は手数料を払う代りに長期の運用期間を認めたのである。両替商は幕府の御用金であることを示したうえで、これを大坂や京都で貸付け、利息を得ることができた。ただし、多額の公金を預かるのであるから、それに見合う不動産を担保にすることが求められ、三井両替店は江戸で多くの家屋敷を所持しなければならなかった。また、この貸付金は幕府の公金を一時期利用したものとして権力により手厚く保護された。

三井同苗子弟の江戸勤務

高利の長男高平（宗竺）は、享保七年（一七二二）、七十歳の古稀にさいして、「宗竺遺書」と呼ばれる三井家の家法を定めた。明治三十三年（一九〇〇）に三井の「家憲《かけん》」が制定されるまで約二八〇年間、三井家とその事業のあり方を規定したこの「遺書」のなかには、三井同苗《どうみよう》（本家六軒、連家三軒、のち五軒となり、同苗十一軒）の子孫が家業を見習うための修業について記した項目がある。

それによると、男子は十二、三歳からまず京本店《ほんだな》（京都呉服店）に出勤させ、子供（丁《でっ》稚《ち》・小僧のこと）同様にあつかい、諸事仕入方を見習わせる。京本店は江戸・大坂へ下す呉服商品の仕入を担当していた。西陣織物を買入れたり、諸国の絹・麻類の買入れ・加工を行なうことなどを主要な業務としており、この店で同苗の少年たちは丁稚と同じような仕事をしながら、仕入のやり方を見習うのが修業の第一歩とされたのである。

十五歳になると江戸本店（江戸呉服店）に派遣され、二、三年勤めることになる。前にのべたように、高平・高富・高治はいずれも十五歳で江戸に下って伯父の店に勤めており、この年ごろが適当とみなされたのであろう。江戸店での勤め方は別に指示されていないが、奉公人の少年同様、丁稚として店内の雑務をしながら江戸の状況を知り、店の業務を見習ったことと思われる。

十七、八歳に初登りとなる。当時、江戸店の奉公人は本店・本家で採用されて江戸に下ったため、何年かに一度長期の休暇が与えられ、本店・本家に挨拶したのち故郷に帰った。三井の奉公人は七年おきに帰国が許され、十三歳前後で江戸に下って二十歳ごろ初登りとなるが、同苗子弟は各店を回るため、初登りがかなり早い。

京都に帰ると再度本店勤めとなる。今度は担当が決められ、ある部門の買方を引受けることとされた。帳面調べなどの役目も果たすので、手代として働いたといってよいであろう。

二十歳になるとまた江戸へ下り、二十四、五歳まで本店に勤める。京都と同じように担当が決められ、帳面などについても精通することが求められた。一人前の手代として、呉服に関する仕入・販売業務をのみこまねばならない。

二十四、五歳以降における三度目の京本店勤務にあたっては、全般的な買方・帳面などについて覚えると同時に、一年間は大坂に派遣される。呉服店に住込み、呉服方はいうまでもなく、両替店の業務や綿店の買方を見習う。大坂は江戸との間の為替取引がさかんに行なわれ、幕府の御用為替を運用して金融も多くなされており、両替店が重要な役割を果たしていた。また、畿内や西国の繰綿・木綿の集散地であり、江戸へ廻船荷を積出す地であって、綿店は江戸綿店の仕入を担当していたのである。

二十八、九歳になると三度目の江戸下りである。今度は江戸で繰綿・木綿をあつかう綿店に勤務して一切を見覚えねばならない。また、上州や甲州郡内・八王子での仕入のため、各地を回ってその業務を覚える。これらの地域は農民産平絹の産地であり、呉服問屋は買役を派遣して在地の買宿の者や場造《ばんぞう》とともに買付けにあたらせた。農家のいざり機《ばた》で織られた平絹類はそのままでは売物にならず、京都に送られて練《ねり》・染《そめ》・張《はり》といった仕上加工を行なってから江戸・大坂に送付され、商品となったのである。買役として中堅手代が派遣され、江戸での需要や京都での仕上加工の状況を見はからって買付けにあたるのであり、江戸店では重要な役割とされていた。かなり長期の間、在地の有力者である買宿に泊り、各地の絹市に出張して仕入れることを同苗子弟も体験するのである。

このように奉公人である手代と同じ仕事をすると同時に、経営陣に加わるための準備として、二十歳以上になると、その在店したところの決算期には、決算書類の作成にさいして支配人と立会い、勘定の仕方を自分でやってみて捺印《なついん》し差出さねばならなかった。なお、この間一ヵ年ばかり京都の両替店にも勤めることとされていた。三都に設置された両替店は一つのグループとされ、決算も本店グループとは別にまとめるが、京両替店は大坂・江戸両替店の元店として統轄的な役割を担っていたのである。

こうして十三歳の初勤から二十九歳までの一七年間、三都各店での勤務を同苗子弟は経験するのであるが、その半分以上の年月を江戸で送ったといえる。特に二十〜二十五歳の時期は多くの同苗子弟が結婚しており、新妻を京都に残しての単身赴任という事態を我慢しなければならなかった。しかし、経営主脳陣である大元方《おおもとかた》の構成メンバーとなるべき同苗子弟は、三都各店を回って江戸と上方との関係を熟知すべきであるとされ、明治初年にいたるまでこの方式が守られたのであった。

三十歳以上は同苗の頭《かしら》である親分の差図により勤め方が定まり、江戸勤務が命ぜられた者は家族と離れての生活をまた繰返すこととなった。

大元方の設置

三井一族は各地・各店に何年かずつ勤務することが義務づけられたが、十歳代前半ごろから各店で働いた奉公人たちは原則としてずっと同じ店に勤めた。十八世紀には三都・松坂に多くの店があり、奉公人の人数も多数であるうえ、京都での仕上加工に使う傘下の職人店や、各地に所有している家屋敷の管理そのほか、厖《ぼう》大《だい》な数の人びとを統轄しなければならない。三井同苗がそれをとりしきることは困難であり、同苗のなかで親分の地位につく者は限られていた。高利は「宗寿古遺言」と呼ばれた遺言書で、三井越後屋の仕事はバラバラにせず、「身上一致」の原則を守るよう言い遺し、その精神が後の「宗竺遺書」を成立させたのであるが、三井全体の経営をつかさどる役割を果たしたのは大元方という組織である。

高利の次男高富は、兄高平や弟高治・高伴と経営に励んでいたが、宝永六年（一七〇九）に急死した。京本店の重役であった中西宗助はじめ、永年各グループを統轄していた奉公人の重役たちは以前から高富たちと経営首脳陣の結束について相談していたが、高富急死にさいし、トップの高平に「御仲間の会所」をつくり、各店の統轄機関にすることを提案し、高治・高伴の同意を得て「大元方」と称する役所を置くようになった。大元方の名称自体は宝永六年の史料にみられるので、正式に決算書類が作成された宝永七年以前から動きはじめていたらしい。

大元方メンバーは三井家親分と数人の重役たちであり、諸店・諸グループの決算はじめ重要事項はその会議にはかられる。現在の重役会議にあたるだろうか。三井同苗はその家計も「宗竺遺書」で細かく規定され、勝手に資産を動かすことはできなかったが、個人の動向も大元方に把握されており、三井全体の動きにタッチできない組織となっていた。

沢山の店・奉公人・家屋敷を分割することなく近世を大店《おおだな》として生き抜き、明治維新を乗りこえることができたのは、「身上一致」の高利の精神とそれを細かく規定した「宗竺遺書」、経営首脳陣の結束体である統轄機関大元方の運営によるところが大きかったといえよう。

三井家の史料は大部分三井文庫（東京都中野区上高田五丁目）に収められ、公開されていると同時に史料集も順次刊行されており、本編はすべてこれらによっている。

醤油問屋国分勘兵衛

江戸の醤油

醤油は私たち庶民にとって欠くことのできない調味料であり、現在では国際的な商品として他の諸分野に広く使われるようになっている。ただこの醤油については、これまできちんと研究されていたとはいえない。もちろん社史や一般的な解説書がなかったわけではないが、古文書などを系統的に研究者が取り組んだとはいえなかった。

もっとも関西では京都・和歌山・兵庫など醤油生産の先進地域をふくむ府県や、小豆島《しょうどしま》のように近代会社組織をいくつも形成したところでは地方自治体史をふくめ研究がなされていたが、江戸時代中期までは関西からの下り醤油に依存していた江戸をふくむ関東醤油についての研究は立ち遅れていたといってよい。

前にのべたように、十八世紀前半までは江戸に入ってくる醤油は圧倒的に下り醤油であった。味噌《みそ》は多く自家で作るため、商品として大きな需要を呼び起こすことはなかったが、しぼりの過程で力を必要とする醤油は男性中心の蔵造りが必要であり、醸造業の一種であるから、杜氏《とうじ》を頂点とする一団の技術者組織によって運営されることもあった。

ただこの醤油の起源を探ることは難しい。味噌のたまりがもとではないかとか、京都や西宮あたりの技術が全国に拡がったのではないかなどといわれるが、特定の先進地から文化が伝わったという考え方は、現在縄文・弥生時代、さらに石器時代の遺跡が全国から発掘されるようになったため見直しを迫られている。醤油のように中世末ごろから近世にかけて登場した商品についても、全国各地での展開のあり方を丹念に探る必要があろう。

現在、野田・銚子が関東醤油の代表格となっており、日本全国、さらに外国にまで進出しているが、最初から主要生産地であったわけではない。ただ史料が遺っていなかったり、これまで研究されなかったため、歴史から消えてしまっていたのである。その一例として前にあげた下館中村兵左衛門家の醤油生産・江戸出荷を取り上げてみよう。

中村家は「点と線の商品流通」の時代、繰綿・木綿をあつかうことによって急速に成長したが、畿内―大坂―江戸―下館―東北を結ぶ「綿の道」が切れはじめ、転換をはかることを考えなければならなくなった。十八世紀に入ったころ、関西とのつながりを利用して下館での醤油・酒の醸造をはじめるようになる。瀬戸内海沿岸の竹原・波止浜《はしはま》・赤穂から塩を買入れ、主要原料である大豆・小麦は周辺から集め、杜氏《とうじ》は大坂問屋を通じて雇い入れたらしい。醤油鍋・醤油をしぼる袋なども関西から調達し、容器である小樽は江戸から取りよせた。酒の醸造も行なったが醤油の方が量が多く、杜氏も酒は年間給料が金一〇両に対し醤油は一六両・二〇両と多額であり、醤油蔵で働いた人びとも十数人いたようだ。そして江戸小網町に蔵を持ち、江戸店を開店して享保期には年間一万～二万樽ほど出荷している。このころ銚子の広屋儀兵衛（ヤマサ醤油株式会社の前身）の江戸出荷高は五〇〇〇樽前後にすぎなかったのである。

ただし、十八世紀中葉には急速に醤油醸造は縮小し労働力もわずか三人となる。しかし近世を通じて周辺を販売圏とする醤油営業はつづけられ、後の売掛けには近くで勤務していた二宮金次郎（尊徳）の名もみられる。

中村家のように江戸とは縁のなくなった醤油生産者もいたが、後にのべる土浦や銚子・野田は一軒の生産者ではなく、一〇軒前後の生産者が醤油蔵を並べ、江戸へ十八世紀中葉ごろから十九世紀にかけて水運を利用して醬油問屋に出荷するようになる。まさに「網の商品流通」の網の目となっていくのであって、十九世紀の江戸では関東醬油が九〇％以上になったといわれている。江戸醬油酢問屋国分勘兵衛は近世・近代を通じての江戸問屋であると同時に、食品問屋へと発展をつづけ現在の会社となったのだった。

伊勢商人国分

日本橋のかたわらは中央区日本橋一丁目一番地であり、江戸時代からの目抜きの場所であるが、ここに本社をおく国分《こくぶ》株式会社は食品の商社として著名である。その前身は醬油問屋であったが、江戸の味形成に大きく寄与した醬油をあつかう商人層の成り立ちも、江戸と上方との関係をその背後に秘めていたのである。江戸の醬油問屋の成立過程を示すものとして、国分株式会社所蔵の「壱番目録帳」は貴重なものであるが、これはまさに関東醬油とともに成長した問屋の足どりを示すものであり、下り醬油との関連はない。それにもかかわらず、国分商店の発展は上方資本と緊密な関係を持っているのである。

江戸に国分の店を開いたのは、伊勢国射和《いざわ》（現、三重県松阪市内）に居を構えた国分家四代目の勘兵衛宗山である。射和には、家城《いえき》・竹川・富山《とみやま》・辻・中村・札野・中島などの有力商人たちがおり、江戸にも出店を設けていた。このうち、呉服問屋富山が江戸に店を開いたのは文禄元年（一五九二）であり、徳川家康が江戸城に入ったのがその二年前の天正十八年（一五九〇）八月であるから、おそらく伊勢商人としてもっとも早く江戸進出をはかった商家の例といえよう。伊勢店・近江店はその奉公人を本家のあった地の周辺から求めるのが一般的であったから、江戸の富山にも伊勢から奉公人が送りこまれたらしい。国分勘兵衛もその一人であった。富山に何年か勤めた後、享保元年（一七一六）五月二十一日に江戸日本橋に呉服商（大国屋）の店を開いたのである。目録帳によると、富山の本町一丁目の店から四六四両余の商品を仕入れ、そのほか伊豆蔵、菱屋など数軒からの買入れを合わせて七五〇両ほどを初年度準備している。そして紺屋・仕立屋・縫箔屋など出入の職人たちを抱え、仕上げた衣類を津軽家その他の大名家に販売した。特に津軽家では、大納戸《おおなんど》・小納戸《こなんど》・奥様とそれぞれ別口で御用をうけ、後には御前様・若殿様・姫君様・御隠居様・御家中とさらに口が増している。

ところが、この大名家相手の呉服商売は問題があった。一つには享保改革のあおりで、大名家であっても華美な衣類を注文することを控える傾向があったことが考えられる。それ以上に出入商人が悩まされたことは、注文により商品を納入したにもかかわらず、代金支払がとどこおることである。姫君様御婚礼御用のような目出たい場合さえも払ってくれない。とうとう各口を合わせると津軽家だけでも五〇〇両以上の焦げつきとなった。これでは仕入れにも差支えるわけで、大名相手の呉服商売をつづけていけば、大国屋の将来はきわめて危ない状態にあった。

土浦での醤油造り

ここで大国屋勘兵衛はまったく方向の異なる業種に着目したのである。伊勢商人がよくあつかう商品には、木綿・茶・酒・醤油などがあったが、酒・醤油のような醸造物はみずから蔵を設けて生産することが少なくなかった。国分家の伝承によれば、四代目の勘兵衛が筑波への参拝の旅に出た折、帰路に土浦へ回って国分家の祖といわれる平《たいらのくにか》国香の祠《ほこら》を供養したが、そのとき土浦が醤油醸造に適した土地であり、水陸の交通も便利なことに着目し、この地に出店を開くことを決意したという。目録帳によると、享保八年（一七二三）に土浦へ向け金三八両余が金子ないし商品、店員の衣類や贈物用として送られており、翌年には金五二二両が土浦での費用として帳簿に記されている。このころから土浦出店が本格化したのであろう。そして享保十一年（一七二六）の目録では、呉服関係の項目記載が終った次に、「醤油売出シ」として金三分と銀四匁七分という金額が記されている。醤油は前年に仕込まねば製品とはならないから、遅くとも享保十年には土浦出店における醤油醸造がはじまったとみてよかろう。なお、傍証として土浦藩の民間の農政学者長島尉信が著わした『おたまき』があり、同書の享保十年の項に「土浦にて大国やしやうゆに始、しやうゆ一樽七升五合入、代三百六十文」と記されている。

その後、醬油の江戸出荷は徐々に増加していった。享保十六年から目録帳に呉服とは別に醬油目録がのせられるようになり、土浦から五〇八五樽、金額にして三一二両三分の醬油が江戸店に送られ、これを三二二両二分で売って九両三分ほどの利益が計上されている。同年の呉服商売は、三六三両二分の仕入、四七三両三分の売上で、粗利益《あら》が一一〇両余であったから、醬油利は呉服利にはまだ遠く及ばなかった。しかしその後、醬油の江戸出荷はぐんぐんと上昇し、寛保三年（一七四三）には一万樽をこえるにいたった。一方、呉服商売は寛保元年の仕入高一〇二八両一分、売上高一二四五両二分、差額二一七両をピークとして、その後急激に商売が縮小する。そのうえに先にのべた津軽家など大名家の未払による不良債権累積といった事態があるのである。そして売買差額の粗利益は、寛保三年を境に醬油が呉服をこえ、その差は連年大きくなっていった。そして宝暦五年（一七五五）を最後に、目録帳では呉服商売の項目が消えてしまい、ただ債権として諸大名家の呉服代未払分が記されるにとどまる。一〇〇〇両近いこの焦げつきはついに決済されることはなかった。

土浦の出店から江戸店に送られた醬油は、上印と分印の二種類があったが、上等品である上印は亀甲のなかに大を記したマークを持ち、この亀甲大が後年国分醬油の商標ともなった。一時期分印の江戸出荷が上印をこえたが、宝暦十二年（一七六二）以降は上印が増加し、安永九年（一七八〇）には出荷樽数の九二％余が上印となり、亀甲大が国分の代表商品となったのである。国分の江戸店は、この土浦出店から送られた醬油を江戸の醬油問屋に売りこんだ。小売・現金売もいくらかはしたが、大部分は問屋に売りさばいたらしい。このあり方は醬油問屋というよりも、仲買に近いといえる。ただし、国分商店は醬油以外に新しい商売をはじめ、やがて醬油より一足先に問屋仲間に加入することになるのである。

明樽問屋を兼ねる

その新しい商売というのは明樽《あきだる》（空樽）をあつかうことであった。目録帳では宝暦六年分が欠けており、宝暦七年（一七五七）の項のところに註記があって、宝暦六年に呉服商売を休み、明樽商売をはじめたらしいとあり、宝暦七年以降明樽勘定が醬油とともに記載されている。明樽とは空樽のことだが、醬油の容器である樽は酒の空樽が再利用された。江戸には下り酒が大量に入荷したが、その空樽が関係業者に買取られ、手を加えて四斗樽を小樽にしたものが使用されたのである。前にあげた長島尉信の『おたまき』では、大国屋の醬油は当初一樽七升五合とある。なお、銚子の例でみると、十九世紀前半には一樽八升入であり、幕末から明治十年（一八七七）ごろにかけて徐々に容量が増し、明治十一年に九升入となったという。関東で新木を用いて醬油専用の新樽を作るようになったのは、銚子では明治十年以降であったというから、他の醸造地でも江戸時代はもっぱら空樽の再利用を行なっていたとみてよいだろう。

大国屋の土浦出店の醸造高が増せば、その容器である明樽を集めねばならない。一万～二万樽にのぼる大量の樽数を揃えるのは、酒の消費の著しい江戸でなければ不可能である。大国屋の江戸店が明樽商売をはじめたのは、おそらく当初は土浦店の需要をみたす必要があったからであろう。宝暦八年には、江戸店の明樽販売高の七六％ほどは土浦店を対象としたものであった。ただし、その後明樽の売買高は年々増加していく。土浦店へはほとんど小樽が送られたが、小樽の五倍の容量である大樽もあつかい量が増していった。江戸府内で買集める明樽は、醬油に比べると利益率がはるかによく、明和四年（一七六七）には売買差額が醬油は一三一両二分であるのに、明樽は一四七両三分であったが、仕入額では醬油二八〇四両一分、明樽一五六〇両と大きく開いている。あつかい明樽数は連年増加し、安永九年（一七八〇）には小樽一一万八四五〇樽、大樽一万三一九二樽、油樽九二七樽を買入れた。土浦店の醸造量は一定限度があり、同年の土浦店から江戸店への醬油出荷樽数は一万六〇七四樽であった。また、江戸店から土浦店へ送った明樽数は一万七六二七樽であったから、土浦店は容器に関しては全面的に江戸店に依存していたといえる。また、江戸店買入れの小樽数のうち、自家の土浦店へ送った分は一六・四％を占めるにすぎない。二〇年ほどの間に、江戸店の明樽商売は自蔵への供給を主とするものから、独自の利益を追求する明樽問屋へと性格を異にしたのである。

その背景には、土浦をはじめとする関東の醬油醸造業の発展があった。土浦では大国屋以外に富田屋治右衛門・富田屋三右衛門・富田屋市右衛門・小津小右衛門・伊勢屋庄右衛門・色川三郎兵衛・柴沼庄右衛門ら一〇軒前後の醬油醸造業者があり、宝暦十一年（一七六一）にはすでに仲間が結ばれていた。国分江戸店は自蔵以外に土浦の他の醬油蔵にも明樽を送るようになるが、さらにそれらの蔵から送り醬油を引受けるのである。自蔵以外からの送り醬油引受けは明和二年（一七六五）以降の目録に記されるようになるが、これら出荷元は大部分明樽の購入先であって、大国屋は明樽販売と醬油仕入の両者を同一醸造業者に対して行なったのである。

安永期に入ると土浦以外の地の醸造業者とも同じような関係を持つようになる。目録に書かれた商人名・醸造業者名が「茗荷善」（茗荷屋《みょうがや》善五郎か）、「広屋利」（銚子の広屋利右衛門か）、「野沢惣」（常陸国北条の野沢惣兵衛か）といった略名であるため、推定ではあるが、銚子・飯岡・十日市場・江戸崎・境河岸・府中（石岡）・北条・古河など、上総・常陸各地の醸造業者と取引するようになったとみてよかろう。そして売りこむ先は、茗荷屋善五郎・中条屋瀬兵衛・徳島屋市郎兵衛・小津次郎右衛門などの江戸醤油問屋や、竹川・柏屋などの大店を含めた江戸市内の商人層であった。ただし、目録の遺っている安永九年（一七八〇）までの間は江戸醤油問屋の興亡は激しかったようで、大半は交代しており、十九世紀前半の江戸醤油酢問屋仲間の株帳に名が記されている者は数えるほどである。おそらく十八世紀以降の下り醤油から関東醤油への勢力移転が醤油問屋の世界にも影響を及ぼし、大国屋のように関東の醤油醸造業と深い関係を持つ商人が醤油問屋のなかに現れることによって、新たな配置がなされたのであろう。ただし、十八世紀後半においては大国屋もまだ自蔵からの送り荷が主力であり、醤油問屋仲間に加入はしていない。これに対して、明樽の方では宝暦十三年（一七六三）に仲間に加入している。そしてこの明樽商売をテコにして、土浦はじめ関東各地の醤油醸造業者と関係を深め、醤油においても土浦の醸造業者・江戸の仲買から問屋の業態へと地歩をすすめるのである。十九世紀に入ると大国屋勘兵衛は醬油問屋仲間の一員となり、近代につづく家業の発展をみるにいたるのであるが、本家はあくまでも伊勢におき、伊勢店としての経営をつづけた。その点では、木綿・茶など他の伊勢店と同じ形であるが、関東における醸造業の展開に基盤を据えた点に大きな違いがあるといってよかろう。しかし、本家および親族からの出資や店内の構成員、下り酒の明樽売買の側面からみれば、上方とも強いつながりを持ったなかでの発展でもあったのである。

国分の女性たち

昭和六十二年（一九八七）九月に私は大学院同期の友人やその教え子の大学院生数人と射和《いざわ》の国分家別家の蔵を整理した。本家の蔵はまだ未公開であるが、分家については蔵をあけることになり、数日かけて内部をすべて片付けたのである。近世・近代の各種史料や道具類にまじって十八世紀ごろの国分家の「家譜」様の史料がみつかったが、それには江戸に進出した五代勘兵衛宗山の元文四年（一七三九）没後から十九世紀前半にいたるまでの代々主人夫婦、わけても妻であり母である女性についての記述がなされていた。

前にあげた目録帳では、宗山が江戸店を開いた後に年々店卸《たなおろし》を射和本家にいた父平右衛門宗貞あてに登《のぼ》したことがわかるが、年によっては父母両人の名を並べてあて名にしており、同じ地域の三井家でも女性が夫に代って商業活動の中心になっていた時期もあることから、商家では女性も営業に関係していたらしい。

国分の家譜によれば、五十四歳で死去した宗山の死亡当時三十四歳であった妻直（後に寿光と称する）には、六歳勘次郎、三歳たく、二歳勘三郎が遺された。直の後だてとなったのは実父喜早種山であり、八十三歳の高齢で国分江戸店・土浦店におもむき、直とともに同郷の豪商西村家を訪ねて資金援助、遺児の店修業を依頼した。これらは家譜にはすべて「寿光様御筆記ニ有」と記されており、天明五年（一七八五）に八十歳で没した直がこまごまと気を配り記録を細かく遺していたことがわかる。

寿光の惣領勘次郎は成長して六代勘兵衛宗思となったが、子供たちが幼いうちになくなったので、長女こまに従兄《いとこ》を婿に迎え七代とした。十九歳で家督をついだ勘兵衛宗運三十歳のとき、二十七歳のこまとともに京都・大坂に見物の旅に出かけたことが家譜にみられるが、その後幾年もたたない文化元年（一八〇四）に宗運は三十七歳で世を去っている。

辞世の句として、

いざさらば　月見に行かん　死出《しで》の山

が遺っているが、残されたこまはまだ三十四歳で、一男一女の実子はいずれも幼いときに死に、養子をもらっていたがそれも夫の死去二十数日前に世を去っていた。親族の少年（十三歳）を養子とし、宗寿と改名していたこまが養育し天保四年（一八三三）に家督を相続させるのであるが、養子が若い時期にはこまが主人として経営にあたっていた。

京都に本店があった江戸木綿問屋柏屋孫左衛門の家でも、享保十四年（一七二九）に四代光忠が没したとき、遺された妻りよは三十七歳で柏原家の血筋を引いている二十二歳の養子がすでにいたにもかかわらず、りよ（当時栄長と称する）が家業に深くかかわり、享保二十一年正月に江戸店に下した「家内定法帳」に栄長・三右衛門両名が署名しており、晩年三右衛門が病気で動けなくなったときは七十歳近くの栄長が主人として経営の中心者となっている（拙稿「京都町家女性の存在形態―柏原りよを中心に―」『論集近世女性史』所収、吉川弘文館、一九八六年）。女性が家業の中核となったのは伊勢だけではなかったのである。

国分家のこまは関東でも活躍したらしい。家譜によると文化十三年（一八一六）二月二日の夜、土浦で火事があり、国分の土浦店は質蔵一ヵ所を残しただけで焼失した。土浦でも珍しい大火だったようで藩家中の屋敷もかなり被害があったという。そのときこまは伊勢から土浦店に来ており、店の持船で立ち退いたが、火のしずまった後にもろもろの指図をして帰国したという。まだ養子は家督相続前の若者だったと思われ、こまは江戸店・土浦店の主人・統轄者の地位にあったといえよう。

出店を回る主人たち

「網の商品流通」の時代、要《かなめ》の地位にあった問屋のなかで、上方に本店・本家が多かった地域は伊勢・近江・京都である。三者のうち京都は呉服店のように仕入や統轄のため他の地域出身の当主が居住する場合があり、本店が京都にあって出店を各地に設けることがある。伊勢・近江に本店・本家があって各地に出店があれば、それらの出店は伊勢店《だな》・近江店《だな》と呼ばれた。なかには、北は東北、南は九州と全国各地に出店を持つ大店もあり、今でも地方であの酒屋は元は近江店だった、あの呉服屋は以前伊勢店だったといわれることがある。それに対して京都に本店があり江戸に出店があると、それは江戸店持京商人《えどだなもちきょうあきんど》と呼ばれた。

いずれにせよ上方に主家があり、奉公人だけで営業をするために、主家は出店を統轄しなければばならない。ただし現在でも本社と支社の関係は一律とはいえず、いろいろなやり方があるように、江戸時代にもきまりがあるわけではなかった。白木屋のように、近世中期は養子続きで主人が江戸に下ることはなく、支配役のトップが「清帳」という決算簿を一年に一度持参し、奉公人たちが「登《のぼ》り」という長期休暇をもらって帰郷する前にご主人にお目見得《めみえ》するというしきたりの店もあった。

それぞれ特色があるなかで、十九世紀の国分は当主が詳細な日記を遺しており、それによって伊勢国射和に居住していた当主が江戸および土浦に設けた出店に何月何日に出かけ、逗留して店務を何日したかを知ることができる。私は昭和六十二年（一九八七）に三重県伊勢市で開かれたある学会の記念公演で、天保九年（一八三八）から慶応三年（一八六七）までの日記による第八代国分勘兵衛標有所在地を図化したものを示した（『三重―その歴史と交流―』収録、雄山閣出版、一九八九年）が、その精力的な行動に感嘆した。私自身が日記を読むことはできなかったが、標有の留守の間に長女が病死し、かわりに末の男の子が生まれ、その二、三日後に帰宅して死報と朗報の両方を聞き、悲喜こもごもといった記事もあるという。標有が養子として国分家に入ったのは天保九年六月であるが、初期の移動の状況をみてみよう。

天保十年十月末に射和から江戸に下り、翌十一年正月十日、十一日の旅で土浦店におもむき、十二年四月末に江戸に帰る。十三年三月二十一日に江戸出発、再び土浦に行き十四年三月に江戸店に帰っている。四月に射和本家に帰宅し、五月に家督相続、翌弘化元年（一八四四）末に一一日ほどかけて江戸店に行き、翌年四月には途中二日外出した以外ずっと土浦に三年四月まで滞在し、嘉永元年（一八四八）二月はじめに射和に帰郷するといった活躍ぶりであった。

国分家は三地域を統轄すればよかったが、もっと多数の出店を持つ伊勢・近江商人があり、全部を主家の人たちが巡回したとは思えないが、奉公人たちの往来や出店への書状・店卸による連絡、資金のやり取り、職種によっては商品の輸送もさかんで、人・カネ・モノ・情報の四種が緊密に上方と各地を結びつけ、なかでも江戸は東国の要として上方と強いつながりを持ったのである。

面の商品流通

東国の発展

江戸問屋の苦境

十八世紀の終り近い寛政期ごろから江戸問屋、特に木綿・呉服問屋たちの泣きごとが多くなる。「網の商品流通」によって木綿問屋たちは厖大《ぼうだい》な仕入量を示すようになっていたにもかかわらず、売掛け金が回収できず上方への送金が思うにまかせなくなってきた。一方、関東・東北・信州・北陸方面からの農民たちの江戸流入は増加してきており、都市下層民の諸種の需要は大きくなりつつあった。

寛政改革時、幕府は財政窮乏の武士層を救うため問屋に諸商品の流通経路、十八世紀中ごろと改革時に近い数年の物価を書上げさせ、強圧的に物価引下げを命令した。問屋たちは自分たちの力ではどうにもならないと言い訳を並べるが、そのなかに網の要《かなめ》である問屋に商品を渡さず、生産地から小売商や消費者に売り渡す打越荷・抜荷が多くなっていることを大きな理由としてあげている。都市の需要はふえているのに問屋の利益はむしろ減少傾向だと申し立てるが、問屋に遺《のこ》る史料からもそれは事実だったようだ。

十九世紀に入り文化期になると米価値下りが武士層のふところを締めつけたから、幕府は問屋層へ米を購入させて米価を上げようとはかり、莫大な買入金上納を迫ったり、江戸の十組《とくみ》その他の問屋たちを再編成して幕府の意のままに動かそうとした。文化十年（一八一三）の菱垣廻船積《ひがきかいせんづみ》問屋仲間設定にいたる過程は幕府の焦《あせ》りと衰退しつつあった問屋仲間の窮状もあり、一部の特権獲得に走った政商たちをめぐる複雑な様相を呈するが、結果的には問屋を中心に六五組一九九五株に対し株札を幕府が与え、代償として毎年一万二〇〇〇両の冥加金《みょうがきん》が上納されることになった。

この時点まで、木綿問屋や呉服問屋は抜荷をしていた地方商人や江戸の問屋外商人とあいつぐ訴訟を繰返していたが、幕府の権威を背後に持つ固定株数設定によって法的に抜荷を取締ることができるようになった。それまでは各仲間内の人数増加は仲間成員の賛成があれば可能だったが、文化十年以降は問屋並みに家業が伸びても、それまで株を持っていた問屋が営業をやめ、持株を譲ることを承知しなければ仲間加入は認められない。株のなかには高い譲り金を出さねば駄目な場合もあり、また各仲間成員への挨拶そのほか厄介なしきたりもあって重要な株仲間はまったく閉鎖的な特権集団となった。

ただし問屋たちの統轄機関であった三橋会所頭取の政商杉本茂十郎は文政二年（一八一九）に失脚したが、冥加金上納・菱垣廻船積仲間の存在は揺らぐことなく、天保十二年（一八四一）十二月まで株仲間の特権保持は継続した。その具体例は後で木綿を例にのべるが、年々多額の冥加金を出しても株札に問屋層がしがみついたのは、「網の商品流通」時代の機能が崩れてきており、問屋が下部の仕入組織を掌握できなくなったからである。

それに代った流通のあり方は、生産者や地元商人たちと消費地の問屋外商人たちとの結びつきと、それを実行に移す水陸輸送業者の活動であった。上下関係ではなく横のつながりであって、この流通関係を私は「面の商品流通」と呼びたい。その展開のもと、江戸問屋は苦境に立たされ、幕府の態度も天保改革期における問屋仲間解散令、約一〇年後の冥加金なしの問屋仲間再興令と不安定なものとなった。

ただ注意しなければならないのは、この流通を担った人びとは多くそれまで下積みだったため、営業規模も小さく史料もあまり遺《のこ》っていないし、研究者も系統的に取り組んだとはいえない。私自身がそうであり、零細な在郷商人だった読み書きのできない祖父のため、小学校入学前の伯母がつけはじめた「二銭、サケ、三銭、タバコ」の下に名前が書かれた、たどたどしい帳簿第一号のみ岡山から持ち返っただけである。たくさんの古帳簿が山積みだったのに、白木屋や三井のような経営を取りあつかっていた私には研究対象とは思えなかったのである。そのため、醤油もふくめて「面の商品流通」研究はまだ手のつけはじめに近く、旧来の問屋層の動揺を示す史料からの記述が多いことをお許し願いたい。

下り商品の変化

天保十二年十二月、幕府は天保改革の一環として問屋仲間解散令を発し、江戸の菱垣廻船積問屋仲間に所属していた諸問屋は、仲間・組合として結集することや、問屋として独占的な商品集荷・販売をはかることができなくなった。翌年三月には大坂の二十四組江戸積問屋も解散となり、難船勘定そのほか問屋仲間で管理してきた大坂―江戸間の廻船に関する諸問題を処理する機構が公的には認められないこととなった。

しかし、実際には従来どおりの廻船運航が継続されていたのであるから、なんらかの組織が必要不可欠であり、そのため弘化三年（一八四六）に大坂―江戸間の重要商品である油・紙・木綿・綿・薬種・砂糖・鉄・蠟・鰹節の九品をあつかう問屋仲間が「九店仲間《くたなかま》」と称する連合体を形成することになった。九品以外の問屋仲間も一三店として九店に付属する形をとり、合わせて二二組の問屋仲間が連合したのであって、「問屋」といわずに「店《たな》」を称する形で旧来の十組組織を継承したのである。

大坂でもこれに対応した九店仲間ができ、江戸と大坂の九店が連絡して仲間の事務を処理した。嘉永四年（一八五一）には問屋仲間再興令が発せられ、個々の問屋仲間の再編・仮組の成立などの新しい動きがあったが、九店組織自体はそのまま明治初年まで変わることなくつづいたのである。

大坂の紙問屋であった堺屋庄之助（木田家）は幕末期には手船廻船も所持しており、明治期にかけて紙問屋仲間＝紙店の行事も勤めていたところから、九店関係の史料を保持していた。現在奈良女子大学が所有している木田家文書のなかにある「手板控《ていたひかえ》」もその一つであり、これによって慶応二年（一八六六）十二月から明治二年（一八六九）四月までの間の九店積廻船の状況をみてみよう。

九店の差配する廻船は、大坂菱垣廻船問屋・大坂樽廻船問屋・西宮樽廻船問屋が仕建元《したてもと》となって商品の積入れ・輸送を行なう。大坂の廿四組差配のころは菱垣廻船だけであったが、九店となってからは樽廻船も荒荷建と称してその差配下に加わった。その場合は酒荷の積み入れは禁止され、難船処理や新造見分などすべて九店世話番の支配下におかれた。

手板控には、各廻船の船名・仕建元・積載商品別の荷数・運賃・本石が記され、仕建月・出帆日・手板日付などが付されている。だいたい一艘の廻船に積みこまれる荷物数は四〇〇〇〜六〇〇〇箇であり、運賃は銀五〇〜七〇貫ほどである。この手板控記載の三〇ヵ月（うち閏月が一回）のうちに運航されている船は四五艘であり、運航回数は一九八回であった。

ではこれらの廻船はどのような商品を大坂から江戸に運んだのであろうか。重量を石数に換算したと思われる本石＝積石の計算を慶応三年（一八六七）・同四年（明治元年）の二年間で行なった結果をみてみよう。慶応三年には八八艘が運航されたが、そのうち本石の判明する八〇艘についてみると、第一位が砂糖で二九・四％、第二位が油で一四・七％、第三位が紙で一一・〇％である。慶応四年には六六艘が運航されたが、そのうち本石の判明する五七艘についてみると、第一位が砂糖で三〇・三％、第二位が紙で一四・八％、第三位が油で九・四％である。すなわち、両年とも砂糖が三〇％前後でもっとも多く、油・紙が二位ないし三位であり、その他の商品は五％台以下となる。十八世紀前半に首位を占めたと思われる繰綿《くりわた》は、慶応三年一・七％、同四年〇・三％といった少額となり、木綿も二・五％、二・七％とたいしたことはない。

約一世紀半ほどの間に大坂―江戸間の商品流通が大きく変化したことがこの積荷内容の検討によってわかるのであるが、その背景には江戸地廻り経済圏の発展があったといってよい。砂糖のように、南九州の諸島や四国など南国特産の商品は大坂を経由して江戸や東国に流入するが、繰綿・木綿などは畿内をふくむ西国に依存する必要はなくなったのである。

新綿番船

十七世紀後半に大量に大坂経由で江戸に流入し、享保期に入ってもおそらく量的にも金額的にも大坂からの江戸入津荷の第一位だったと思われる繰綿は、廻船問屋にとっても大事な商品だった。木綿や呉服をあつかう商人たちは繰綿も同時に売りこみ、繰綿問屋仲間も数組存在した時代があったらしい。文化十年（一八一三）になってもかつての余光があったのか、幕府への冥加金額は最高一五〇〇両の酒問屋仲間に次ぎ、一〇〇〇両の木綿問屋と並ぶ一〇〇〇両で第二位であり、株数も木綿問屋四四株に対し七〇株であった。しかし実際に繰綿を営業の中軸にしていたのは小津屋清左衛門ぐらいで、文政二年（一八一九）には二〇株、天保十二年（一八四一）には一六株と激減し、幕末期には大坂からの入津荷《にゅうしんに》のなかできわめて低い地位しか占めていない。

それにもかかわらず木田家文書に新綿番船の実施状況がのべられているのは、かつての栄光の名残りをしのぼうとしたからであろう。ただこの記事により当時の海運の状況を私たちは知ることができる。

安政六年（一八五九）十月十二日、大坂湊は新綿番船の出航でにぎわっていた。大坂湾に注ぐ安治川河岸には廻船問屋の蔵が立ち並び、ここから畿内の新繰綿が江戸に向け送られたのであるが、新綿番船は各廻船問屋仕建の船が同一時刻に出航し、江戸に向って競走したことをいう。

出航にあたって、番船の伝馬船が切手を受けとるため、安治川の切手場にこぎつけ、そこから競走がはじまる。見物の船が川面を埋め、河岸場も人の山である。混雑が激しく、十二日の出帆予定であった番船のうち、三艘が遅れてしまい、翌十三日出帆となって、七艘が十二日に大坂湊を後にした。

まず一番先に浦賀湊に入津したのは樽廻船問屋西田正十郎仕建の番船である。十二日申上刻（午後四時三〇分ごろ）に大坂を出航、十五日巳上刻（午前一〇時三〇分ごろ）に浦賀についたのだから、正味六六時間ほどかかっている。つづいて菱垣廻船問屋日野屋・小堀屋の番船が十五日巳中刻、巳下刻にそれぞれ到着、ほぼ三〇分ずつの差で入津しており、一・二・三位が定まった。

実はこれより速かったのは翌日出航の三艘であった。十三日巳上刻に出航したなかで、菱垣廻船問屋大津屋仕建の番船は、十五日午上刻（午後一二時三〇分ごろ）に浦賀に入津しており、正味五〇時間ほどしかかかっていない。つづいて樽廻船問屋塩屋・毛馬屋の番船がそれぞれ未上刻（午後二時三〇分ごろ）、未下刻（午後三時三〇分ごろ）についており、三艘とも前日出航の諸船より格段の成績であった。このため、江戸九店の世話番は大坂九店世話番に対し、「希代之早着」であり、前の七艘と同日の出帆であったらこれらが一・二・三位を占めたと思えるので、三艘に対し別に褒美を与えたいと手紙でのべている。なお、このほかに一艘、店方の者が不調法をしたので番外とされた船があったが、これも十五日に入津したというので、全部で一一艘が参加したらしい。

いずれにせよ、五〇〜七〇時間ほどで大坂から浦賀についたということは、順風に恵まれれば陸上よりははるかに短時間で大量の荷物を運ぶことができたことを意味している。このため、大坂から江戸に向けての商荷物はほとんど海上輸送によったのであるが、ふつうの廻船は諸種の荷物を積み合わせるため、その集荷や積み込みに日時を要したのである。

この海事輸送の迅速性は風向きさえ順調なら大量の輸送が可能であったことを示し、三菱など汽船による輸送に、すぐ廻船輸送がとって代られたとはいえないと思う。

下りに迫る地廻り

十九世紀に入ると江戸を取りまく地廻りの地域や、東北・信州・北陸地方一帯の商品生産が活発になり、十八世紀前半のように上等品は下り商品に限るといった状態ではなくなる。江戸で下りというと廻船荷を指したようで、木綿の「下り」は三河・尾張・伊勢地域など東海地方産もふくめていた。「地廻り」物は関東・甲州物などを指していたらしい。

もっともすべての商品で地廻りが下りに代ったわけではない。地廻りが完全に下りを圧倒したのは醬油だと私は以前から考えており、関東醬油、わけても銚子・野田での醬油醸造業に目をつけていた。ただ関東の醬油については研究者の取り組みは遅れており、私自身も塩の流通研究のため銚子に行ったのが付合いの最初である。その当時は若い研究者たちと関東経済史研究会の名で下館・真壁などを調査していたが、名を「醬油醸造業史研究会」と改め、田中玄蕃《げんば》家（ヒゲタの祖）、広屋儀兵衛家（ヤマサの祖）二軒の史料研究を一〇年前後つづけたうえ、中間報告ともいえる『醬油醸造業史の研究』（吉川弘文館、一九九〇年）を七人で刊行した。その後同研究会は文部省科学研究費を受け全国組織に成長した。

銚子の田中家、ヤマサ醬油株式会社から全面的な史料公開その他多くの援助を受け、さらに全国各地の生産者・企業・後裔《こうえい》の方たちからの史料提供のもと、現在も研究活動がつづけられているが、その過程のなかで近世に営業活動をはじめた醸造業者の大部分は十九世紀前半のいわゆる化政期以降に端を発していることを知った。しかも関東の場合、せいぜい数ヵ村か郡単位ぐらいの醬油造りが多数誕生し、江戸に河川輸送を利用して出荷したのは中規模以上の業者で、江戸・東京周辺でも「松尾講」所属の生産者は小規模の者がかなりふくまれていた。

この状況のなかで、「面の商品流通」といえる横のつながりが関東一帯に拡がり、江戸で国分勘兵衛のような網の要《かなめ》役となった醬油問屋たちが、江戸の醬油の九割以上が関東産であるとのべるようになった。ただし小規模の醸造業者もふくめての全国的な研究は現在進行中であり、論文集としては林玲子・天野雅俊編『東と西の醬油史』(吉川弘文館、一九九九年)所収の近代に的をしぼったものだけで、近世の「面の商品流通」を担った醬油造りを個別業者として取り上げることは難しい。そのため私が地廻りで伸びた第二位の商品と考えている青縞木綿《あおじまもめん》の動きをみてみよう。

地廻り木綿をめぐる争い

江戸の木綿問屋仲間は二組あり、大伝馬町一丁目に集住した大伝馬町組と、十組のなかの通町組・内店組所属で、呉服類とともに木綿をあつかう問屋が仲間となった白子組とがあった。大伝馬町組所属の問屋は大半が伊勢店であり、白子組所属の問屋には江戸店持京商人が多かった。両組とも上方に本店・本家がある問屋群によって構成されていたわけで、仕入も伊勢・尾張・三河の東海筋や、大坂・京都でなされることが多く、関東木綿もあつかってはいたが、重点はやはり上方にあった。

しかし十八世紀後半から十九世紀に入ると、関東地方でも綿織物生産がさかんとなり、特に武州行田（埼玉県行田市）周辺で織り出した青縞木綿は、股引《ももひき》・腹掛《はらがけ》・半纏《はんてん》・足袋《たび》など庶民層の需要にこたえるものとして、十九世紀に入ると江戸やその周辺部に広く流通するようになった。上方から海上輸送される下り木綿と違い、江戸近くで織り出されていたこと、縞木綿であるため、染加工などをしなくともすぐ消費者に売ることができることもあって、木綿問屋の手をへないで、生産地から小売商や中小問屋に直接送り出されるようになったのである。

こうした新しい流通のあり方は、これまで独占的に諸国木綿を仕入れていた両組木綿問屋にとってまことに面白くない。すでに十九世紀初頭、江戸府内の仲間外商人が木綿を直《じき》仕入《しいれ》しているとして町奉行所に訴え出た木綿問屋仲間の動きは、文化十年（一八一三）の菱垣廻船積問屋仲間の結成により、さらに木綿流通の独占を強く主張するものとなっていたのである。

大伝馬町組所属の川喜田家に遺る史料のなかに、「改正木綿荷物取締日記」と題する五冊の帳面があるが、これによって青縞木綿流通をめぐる問屋と仲間外商人の対立、その背景にある下り木綿と地廻り木綿の市場争いをみてみよう。

天保六年（一八三五）二月、両組木綿問屋は武州忍《おし》藩領主阿部能登守《のとのかみ》の江戸屋敷役人に対し、一通の届書を差出した。その内容は次のようなものであった。

諸国生産地からの木綿荷物の仕入は木綿問屋に限られており、問屋仲間に入っていない無株商人の直仕入は決して行なってはならない商品である。特に地廻り木綿は毎月出入の数量書上げを命ぜられている規定物である。ところが無株で直仕入し、不正の取計いをする者があるようなので、見張の者を出していたところ、昨年十二月七日に阿部家の深川下屋敷内の国嶋平左衛門方に青嶋（縞）木綿二箇（二〇〇反）が持ちこまれるのを見つけた。かれこれ掛け合ったところ、一箇は隠してしまい、一箇持ちこんだことを認めたので同人方に預けておき、その後掛け合いをつづけたが、いい加減な返事しかしない。これを放っておいては問屋株にも問題がおよぶことであるから、町奉行所に訴え出るので、その旨を阿部家御役人方にお届けする。

木綿問屋両組は無株商人直仕入取締りのため、要所要所に見張を出し、あやしい荷物とみなすと跡をつけて持ちこまれた所を確認したうえで掛け合いにおよぶ。木綿荷物は問屋方に差出させて入札払いにし、以後直仕入は致しませんという詫状《わびじょう》をとって内済《ないさい》（和解）とするのであるが、仲間外商人の方もそれで取引をやめることはしなかったようで、何回も詫状を出す者がいたのである。この阿部家家来の場合は武家屋敷への木綿荷物持ちこみに一役買ったのだった。もっともこれが最初ではなく、その年の五月にやはり阿部家で馬廻りを勤める宮崎伊助方で同様のことがあり、その時は掛け合いの結果内済となったのであり、問屋側に言わせれば再犯ということになる。

この届書を出した二月二十八日の夜、国嶋平左衛門とその父藤十郎の二人が木綿立会所にやって来た。木綿問屋仲間は仲間の会所を持っており、そこに行事代理の者がつめ、諸事務を処理したのである。二人の武士はここで明日の町奉行所への願書提出を延ばしてほしいと、深更にいたるまで粘りに粘った。九つ時より七つ時までというから、夜中の一二時から四時ごろ（二月なので、今の五時近いかもしれない）まですわりこまれ、会所では仕方なく明朝早くに行事元へ行って話をすると答えたところ、二人は喜んで帰っていった。

二十九日の朝、またぞろ両人がやってきたが、もう行事元から願を出すということを届けたので、訴状を出さねばかえってお咎《とが》めをこうむることになる、お頼みの儀は相談が間に合わなかったと断ってしまった。

町奉行所に出した訴状には、安部家への届書と同じようなことを記したうえ、地廻り手近の場所から目立たぬように荷物をこしらえ、日々差送る不正の取計いをする者が多く、股引や腹掛に使う青嶋木綿はあらまし無株の者が引受け、問屋どもの手に入らないと訴えている。

藩側の抵抗

訴状を受取った町奉行所では、国嶋を召出そうとするが、こちらは日延《ひのべ》を願ってその間に問屋仲間と内済しようとする。問屋側は、まず木綿の出荷主である武州埼玉郡下新郷村の由松が四年前に同じような違反行為をしていること、昨年五月にやはり阿部家の宮崎伊助が直仕入をしていたことがわかり、詫証文を問屋仲間に出している点をあげ、由松の処置と、阿部家からの保証を主張した。なかでも阿部家の留主《るす》居《い》役の印を証文にほしいという件に対しては、国嶋も強く抵抗したことから、では先回違反の宮崎伊助の加判をといったところ、それも困るという。そこで国嶋が以後商業行為をしないという証拠に、残った木綿荷を問屋に渡し、売りさばきを依頼するならば皆の疑念も晴れると思うと話したので、国嶋は屋敷へ帰って木綿商品を調べると答えた。

ところがその四日後、国嶋が大伝馬町の名主馬込方に来て言うには、屋敷には木綿商品は全然ない、しかしこの前の話合いもあったことだから、木綿一五反を差出すと言った。結局訴訟に持ちこまねばおさまりがつかず、三月二十六日に一同奉行所白洲に出頭し、吟味が行なわれることになった。

被告の国嶋は左のように弁じた。

武州埼玉郡下新郷村の良助は私が年来懇意にしている者であります。昨年十二月七日、同人は木綿荷物二箇を船積し、本所小名木川《おなきがわ》通を乗り登ったところ、木綿問屋行事代丈助という者に見とがめられたので、右小名木川通の阿部能登守下屋敷内の私宅に持ちこみ、その目を逃れようとしました。丈助からは紛らわしい荷物ということで掛け合いがあったのですが、その節は私は留守で母一人しかおらず、様子がわからず当惑しておりました。荷主の良助がいうには、けっして御迷惑はかけないから荷物の預り書をもらいたいとのことだったので母が渡した旨を帰宅して聞き、非常に驚いた次第です。

翌日良助がまたぞろ木綿荷物一箇を持参したので尋ねたところ、昨日見とがめられた折に屋敷の塀の間に投げこんだのを持ってきたというので、その荷物はさっそく差戻し、預った分もなんとか片をつけろと申したのですが、良助は帰村してしまいそのままになっておりました。

木綿問屋仲間から訴え出ると上屋敷留主居方に届けがあったので、内済にしたいからと申し入れたのですが、一切取りあわず出訴となり、公儀に御厄介をかけ恐れ入ったことと日延を願い問屋側に掛け合いました。その内容は、前にも申し上げたように、これは私方で引受けた荷物ではなく、良助がなんとか穏便に事をすませたいと持ちこんだものなので、右の荷物と良助は神田松永町紀伊国屋利八方に預け、私方からもどのような文面の証文であっても差出してあやまり、内済したいということでございます。ところが問屋側では証文に藩役人の判がほしいというので、仕方なく訴訟の返答書を差出して申し上げる次第でございます。

そこで奉行所役人は、願人である木綿問屋側に、役人の判がなければ内済はできないというのかと問う。問屋側は、「いや、役判というのではなく、阿部家中の宮崎伊助の加印を望んだのでございます、なぜなら同人は昨年同じようなことをして、問屋へ今後はもうしないという証文を差出しております、これをどうか御覧下さい」と証拠書類として提出した。これを読んだ奉行所役人が言った言葉を史料はのせているが、それまでの候《そうろう》文とは異なり、役人の口調をよく表わしているので、以下原文のまま記してみよう（濁点、振りがな、かっこの傍注は筆者）。

右の趣《おもむき》ニては伊助（宮崎）・平左衛門（国嶋）の両人計《ばかり》でハなへ（い）と見ゆる、阿部の屋敷ニてはミな此様な事をするか、是《これ》平左衛門、此書面ニもある通り木綿は拾弐品の内で公儀え月々書上もある品だ、然るを其方共は呉服屋で反物買様ニ直引受をして済《すむ》もの歟《か》、町人でも無株の者え引うけると出入ニおよぶは（わ）、夫《それ》に武家で右やう（よ）紛敷《まぎらわし》い、何だ屏（塀）の間へかくした、とろ房（泥棒）ものでハないか、是は平左衛門計呼出しては取締にハなるまへ（い）、願人伊助が判をして平左衛門から書付をとれバ能《よい》の歟、是平左衛門、伊助と云《いう》は何役をする

馬廻りの役を勤めまする

伊助ニても誰ニても判をして内済すべき筈《はず》だ、此上ハ留主居え大勢の者を引合ニ呼出し吟味をせねバならぬ、左様成りたらバ其方が身分ニ拘《かかわろ》う、能《よく》考て見ろ、願人その通だ、先ヅ今日はひきとれ

国嶋平左衛門はさんざんに叱られ、内済の談合が整わねば藩の留主居役はじめ大勢の者を関係者として吟味にかけるとおどされている。その後、宮崎伊助加判で内済したいと国

嶋より問屋側に申し入れがなされた。問屋側が両組評議のうえ返答するといって、内済にまでいたらないうちに、また奉行所から呼出しがかかり、平左衛門の申し立てははなはだまぎらわしい、先年御家人で商いをした者があり、死罪に仰せつけられている、陪臣であっても武士に変わりないとまた叱責され、問屋側に詫びて内済せよと厳しく申し渡された。また、荷主の由松と、荷物を運んだその子良助を国元から江戸へ呼出し、こちらも吟味がなされ、最終的には五月二十日に済口《すみくち》が成立した。国嶋平左衛門が預っていた木綿荷物一箇は問屋の定法をもって入札払いとなり、代金は良助に渡された。

ただしこの一件に平行して武州埼玉郡行田本町の庄三郎をはじめとする数人の荷主と、それから直仕入をした国嶋藤十郎・平左衛門親子や、江戸府内の木綿商人がやはり問屋仲間から訴えられ、取引反数・金額の取調べがなされている。国嶋平左衛門・良助はここにも登場しているのであって、問屋仲間にいくら摘発されても、済口証文の文面のように恐れ入って取引をやめてはいない。つかまれば運が悪かったぐらいの気持だったのだろう。つまり、地廻り木綿の荷主、江戸やその近郷の木綿商人、両者を結ぶ飛脚屋は、木綿問屋やその背後の幕府権力の圧迫をもはや恐れぬようになっており、町奉行所でいくら叱責されても〝馬の耳に念仏〟ぐらいにしか思わなかったとしか思えない。かくして上方からの下り木綿を主にあつかっていた木綿問屋は、庶民層の需要が高い地廻り木綿に関しては手が出しにくい状態となってしまっていたのである。

織物問屋丁子屋吟次郎

「西の商品流通」を担った商人たちは前段階の特権的な問屋商人やそれにつながる買次・仲買層とは異なり、仲間外商人として出発、なかには幕末・近代にかけて大きく成長し現代でも家業をつづけ、創業からの史料や関連の物を公開している企業がある。その例として織物問屋（これまでのように木綿問屋・呉服問屋の枠には収まらない）チョーギン（丁吟）をこの段階の代表者として取り上げてみよう。

近江商人吟次郎

近江《おうみ》商人と江戸との関係は深く、近世前期にも江戸への進出がみられたことは前にものべたが、近世後期になると新興の近江商人たちの姿が江戸にみられるようになる。そのうちの一例として、近江国愛知《えち》郡小田苅《こたがり》に本拠を構えた丁子屋吟右衛門《ちょうじやぎんえもん》家（略称丁吟《ちょうぎん》、小林姓）の活動をあげてみたい。

現在、小田苅の小林家居宅と蔵は、「近江商人郷土館」となり、江州《ごうしゅう》商人の活躍を資料の展示を通じて語りかけてくれる。館の周囲には田園風景が広がり、ここを本拠として江戸・京都での華々しい商業・金融活動がなされたとは思えないほどである。しかし、この湖東平野一帯は近江商人本家の居住地であり、三都をはじめ諸国の出店への統轄がなされていた。

しかし、丁吟の出発はまず行商からはじまっており、営業規模もささやかなものであった。初代吟右衛門（幼名吟次郎）の父の代から小林姓を名のり、次男であった吟次郎は少年期から父重内に従って行商に出ていたという。寛政六年（一七九四）には金九両余で中田六畝二七歩を吟次郎の名で買入れているので、このころから自立の動きがあったものと思われる。当時吟次郎は十八歳であった。

小林家に遺るもっとも古い勘定帳簿は、表紙に寛政十年正月吉日と起筆の歳が記してある「金銭万覚帳《よろずおぼえちょう》」であるが、この帳簿の最初の項に、「寅年残」として近村の者への売掛けと思われる金額・関連事項が記載されている。この寅年は寛政六年を指すと推測できるので、商業活動もこの時点から自立して行なうようになったとみてよかろう。十八歳といっても数え年だろうから、現代でいえば高校三年ごろの年代に、独り立ちの商人として吟次郎の活躍がはじまったのである。

この「金銭万覚帳」には、寛政八年八月から明治二年（一八六九）正月までの本家の店《たな》卸《おろし》勘定が収められている。商家では、決算勘定を行なうにあたって、現金・在庫商品・売掛け・貸金など貸方の項目、買掛け・借金など借方の項目をそれぞれ調べあげ、貸借の差引をして現在高を勘定することが多かった。「金銭万覚帳」の寛政八年八月の店卸は、布（麻布のこと）三六疋《ぴき》（一疋は二反分）の在庫や布の売掛け、村内への売掛け、「東かけ」、貸金、長兄源蔵への預け金、筬《おさ》仕入などの貸方から金四両の借金を引いて金二八両が店卸残高となっている。この額では農村商人としてもまだ零細な存在だったといえるだろう。

この初期の店卸により、吟次郎のあつかい商品の主流が麻織物であること、売掛けからみて周辺と「東かけ」の両様の販売圏があることがわかる。近江の麻織物については後述するが、その生産地である周辺農村への売掛けは、みの・かさなどの雑貨品や、筬のような生産用具の販売によるものと考えられる。問題は「東かけ」であるが、後年の店卸からみて、近江から東海道方面にかけての販売による売掛けらしい。販売商品は近江布だったたのだろう。売掛け金額は四両二歩である。郷里の特産品を背負い、東へ東へと販路を拡げる吟次郎の姿が想像される。

分家として独立

やがて吟次郎は郷土産の商品をあつかうだけでなく、京都からも織物・帯・小間物などを仕入れて行商により販売するようになる。店卸にみられる売掛けは「東掛」や「東掛方」のみとなり、もはや販売圏は一途東海地域を目指して伸びていった。享和三年（一八〇三）の店卸からは、遠州（遠江）・駿州（駿河）と売掛け地域が明示されるようになり、前者は金一二四両、後者は四五両であった。

この時期、吟次郎は本家である兄源左衛門家から田畑・山林と、とくい先の売掛け分二〇〇両を分与された。「東徳居《とくい》先掛譲り」と文化元年（一八〇四）の史料にあるので、東海地域の販売先を吟次郎独自のものとして与えられたのであろう。寛政期に自立したとはいえ、兄弟協同で営業活動を行なっていたと思われるが、二十八歳にいよいよ分家として独立したのである。しかし本家との関係は緊密で、養子亀吉を本家から迎えており、文化十一年（一八一四）には三十八歳の吟次郎に十五歳の亀吉が従って、行商下りの旅に出ている。

ただし、行商といっても足にまかせて飛びこんだ家で商品をひろげ、その場で取引をすませてしまうというやり方ではない。売掛けが店卸で大きな比率を占めていることから、代金の回収は盆暮などの決算期になされただろうし、さらに「預け置残り物」といった項目も店卸にみられるのである。この残り物は八掛けの計算になっているところから、ちょうど富山の薬売りのように、とくい先に商品を預けて次回に残り物を引取り、新商品を代りに預けるといった販売方式がとられたのではなかろうか。本家からのとくい先売掛けの譲渡しは、こうした年来のとくい先自体を分家のものにしたことを意味している。

養父吟次郎はやがて名を吟右衛門と改め、亀吉が二代目吟次郎となった。文政二年（一八一九）正月三日付の店卸の末尾には、「二代目吟次郎廿才」とあり、文政期にはこの二代目吟次郎が行商の主体となったものと思われる。なお、文化四年（一八〇七）の店卸には利兵衛という奉公人らしい名がみられ、文政期に入ると忠七・升兵衛・吟兵衛などの参加もあったようで、独立した小林分家の行商活動は広く深く展開したのであった。

近江晒

近世に庶民の衣料として認められていたのは「布・木綿」である。木綿は戦国末ごろから各地で栽培されるようになるが、それ以前の庶民の衣料は「布」＝麻布であった。織物の一般名称でもある布が、江戸時代になると麻織物のみを指すようになったのは、庶民衣料としての麻布の歴史の古さを物語るものといえよう。

しかし、自給用としてではなく、商品として麻布を産出する地域は限定された。近江はそうした麻産地のなかでは著名なものである。三井越後屋や大丸屋のように、江戸で呉服問屋として大をなした店でも、近江布を仕入れることを近世中期にさかんに行ない、京都では江州布問屋三〇軒が、宝暦十三年（一七六三）幕府によって定められている。

全国的に商品として流通した麻布は、たんに農家で織り出す粗布ではなく、越後の縮《ちぢみ》や近江・奈良の晒《さらし》のように加工されたものが少なくなかった。近江では野洲《やす》（滋賀県野洲郡野洲町）が晒加工の専業地となり、周辺地域で織り出された麻布はここに送られて、完成品となったのである。

小林家の「金銭万覚帳」の寛政八年（一七九六）八月店卸の麻布三六疋は、村内の弥次右衛門・茂平次・おさんなど九人の織手による製品であり、これを集荷した吟次郎は野洲の川《かわ》機《ばた》屋庄右衛門という晒業者に送付して加工を依頼している。そのさい、兄源蔵が間に入っており、後に源左衛門と改名したこの長兄と吟次郎は、兄弟協力して営業活動を行なっていたらしい。

近江晒は大手呉服問屋もあつかっていたのであるが、吟次郎のような在地商人がさかんに行商活動をするようになる十九世紀初頭ごろには、だんだん呉服問屋の手を通さない流通ルートが大きくなってきた。同じようなことが越後縮にも起こっており、問屋仲間と在地商人、あるいは在地商人と取引する中小問屋と大手呉服問屋との対立が各種織物をめぐってみられるようになっていたのである。

販売圏の伸長

進取の気象に満ちた若い二代目吟次郎の時代になると、経営規模は急速に拡大した。仕入も京都でさかんに行なうようになる。運転資金は本家や、やはり新興の近江商人松居久左衛門・京都の問屋笹屋喜兵衛などからの融資に援《たす》けられた。

星久松居久左衛門は、近江国神崎郡位田《いんでん》村の松居久右衛門を本家とする江州商人で、延享三年（一七四六）に銀四五貫余の元手銀を分与されて独立した。本家と同様、分家である星久も行商で資産を伸ばしたが、丁吟とは営業内容がだいぶ違い、奥州・羽州・上州から糸絹や紅花などを仕入れ、これらを信州や名古屋・京都・大坂で売りさばき、その他布・木綿・生糸・苧（麻の原料）などもあつかったという。東国産のものを中部・畿内に持ち運び、販売したのであって、京都・近江産の商品を東海地方に売りさばく丁吟とは方向の異なる商人であった。

初代吟次郎が自立した営業活動をみせる寛政六年（一七九四）に、星久三代目となった久左衛門遊見の代には、松居家は近江商人のなかでも豪富をうたわれるようになり、三都に出店を設け、諸藩や町人・農民相手の金銀貸付もさかんに行なうようになった。小林家もまた、松居久左衛門家から金融を受けたことが店卸から読みとれるのであるが、松居久左衛門家に伝わる「松居家聞書集」によれば、かなり初期から縁が深かったようである。それによれば、小林家はもと縁日商人であったが、当主はつね日ごろから立身の志を抱いていた。ある年の正月、雑煮を祝っている部屋に鶯《うぐいす》が入ってきて鳴いたのを瑞兆《ずいちょう》として、近傍の富裕な篤志家として著名であった松居久左衛門家を訪れた。遊見に決意をのべ、営業資金三〇〇両を借り受けることに成功したことが、丁吟隆盛の起源となったという。「金銭万覚帳」の記載とこの聞書はだいぶへだたりがあるが、初代吟次郎の時代から同郷の商人として金融的な援助を与え、二代目の発展にさいしても大きな保障を行なったことは間違いあるまい。

吟右衛門と改名した初代は小田苅村にとどまり、名主も勤めるようになった。若さにあふれた二代目吟次郎は、養父の築いた販売圏をさらに東へと伸ばしていく。文政二年（一八一九）以降の店卸は、遠州内部の浜松・浜松在・袋井・掛川・島田・藤枝や、駿州内の府中（駿府）・駿東などの街道宿駅ごとの売掛けがみられるだけでなく、相州・浦賀・房州・江戸・上総・下総・常陸・上州と関東諸国に販売圏が拡がったことを示している。文政十二年（一八二九）の店卸には、「信州方・上州方〆」といった売掛け項目もみられるようになった。

丁吟江戸店の開業

まだ亀吉と称していた二代目吟次郎が養父とともに行商の足を踏み出した文化十一年（一八一四）ごろ、江戸では問屋仲間が流通独占の動きをさかんにみせていた。文化二年（一八〇五）には木綿問屋仲間が江戸府内の仲間外商人を訴えており、呉服問屋仲間は関東各地の織物の流通をめぐって、在地商人や中小問屋と対立を深めていた。

織物商人だけでなく、文化十年には菱垣廻船積問屋仲間六五組が、幕府に年々冥加金を上納することによって、固定した問屋株を公認されることになり、以後問屋の手を通さない商品はすべて違反荷物として取締りの対象となった。吟次郎たちのあつかう近江晒も呉服問屋による規制をうけることになり、文化十四年には「近江国晒布類商旅人」三人が、江戸呉服問屋仲間に対して規定証文を提出している。これによると、商旅人は国元からの持下り荷物を呉服問屋会所に差出して改めをうけること、江戸に着いたら名前を問屋仲間行事にとどけ、旅宿も勝手に変えないこと、荷物の箇数に応じて口銭《こうせん》を問屋仲間に支払うことなどが定められた。呉服問屋仲間は商品をあつかうことなしに口銭を徴収したのであり、同様なやり方が越後縮や桐生織物に対してもなされたのである。

この江州からの商旅人の仲間はその後人数が増していくが、丁吟がそれに加入したのはだいぶ後になる。いずれにせよ、織物類の行商や、問屋を通さずに小売商・消費者に直売することに対し、化政期以降天保改革による株仲間解散令までは、江戸の問屋仲間は摘発の目を光らせていたのである。前にのべたように、木綿をめぐってもこの時期には問屋仲間と仲間外商人はつきない争いを繰返していた。

こうした激しい対立がみられるなか、丁吟は文政十三年（天保元年〈一八三〇〉）に仮店を江戸横山町三丁目に設け、翌天保二年六月一日に丁子屋吟次郎を店名前とする江戸店を開設した。場所は日本橋の堀留二丁目で、周辺には木綿問屋・呉服問屋の江戸店も多い地域である。初代吟右衛門五十五歳、二代吟次郎三十二歳の時で、江戸店は吟次郎が支配し、吟右衛門は江州本家にあって、全経営を統轄した。行商時代の店卸はきわめて順調な伸びをみせ、文政年間（一八一八〜三〇）には一一七〇両から五七四七両へと勘定残高は四・六倍にもなった。開店の翌月、天保二年（一八三一）七月十一日の店卸では、惣差引九三五二両余とさらに大きな増加がみられる。旧来の呉服問屋・木綿問屋はこの時期に頭打ちとなり、なかには営業不振に苦しむ店もあって、こうした焦りが仲間外商人との対立・摘発といった行為をうみ出していたなかで、新興の近江店として丁吟は江戸での幸先よい出発をみたのである。

仕入先の変化

丁吟の江戸店開店は、東国地域への販売圏拡大の結果であるとともに、これまで近江や京都を中心とした仕入先を徐々に東国へと切り変えていくきっかけとなった。ただし、関東のなかでもっとも早く京都の高機《たかばた》技術を導入し、十九世紀には各種高級絹織物の産地となっていた上州桐生とはあまり取引がなかった。桐生には江戸の呉服問屋が仕入のため毎年手代を派遣し、それぞれ買次の店を定めていた。

この桐生の近傍である野州足利《やしゆうあしかが》は、木綿や絹綿交織を高機で織り出しており、桐生より新興の織物産地であった。農家のいざり機《ばた》で織られた木綿と異なり、高機では複雑な織り方ができ、さらに染色その他の仕上加工も産地でほどこされた木綿や絹綿交織は、そのまま消費者に売渡すことができる完成品であり、値段のわりには見た目もよく、庶民層の評判がよかった。しかも、天保改革にさいしては、庶民層への衣類規制がきびしく、絹織物の産地である桐生が窮地に立たされたのに、木綿・絹綿交織を主とする足利は助かるといったこともあった。

関東における丁吟の仕入先で、天保期から明治四十年代まで取引がつづいたのは、足利の木村半兵衛と上州高崎の和泉屋仙助である。特に足利の木村とは関係が深かったようで、安政二年（一八五五）十月に江戸が大地震に襲われたさい、丁吟江戸店は自店の荷物を木村に預けて、地震直後の混乱からくる難を避けようとしたこともあった。

そのほか、足利の和泉屋栄助・川島重郎左衛門、武州八王子の松村助次郎・萩島源兵衛、武州熊谷の坂倉万之助・原口金右衛門、甲州上原の上原四郎左衛門といったように関東や甲州商人と取引がなされるようになり、さらに尾州名古屋の吹原九郎三郎、尾州知田郡岡田の竹内源助、尾州有松の橋本伊右衛門、尾州横須賀の村瀬彦助、勢州松坂の浜田伝右衛門、大和坊城《ぼうじょう》の綿屋作兵衛、越後十日町の蕪木孫右衛門といったように、幕末にかけて各地の買次から仕入れるようになった。これら商人は木綿・絹綿交織・麻などを主としてあつかっており、丁吟江戸店は本家を通じて京都から呉服物を仕入れると同時に、東国・東海道地域から各種織物を江戸店へ直接仕入れたのである。

従来、江戸では呉服問屋、木綿問屋は営業形態が異なり、呉服問屋が木綿・繰綿をあつかうときは綿店《わただな》と呼ばれる別店を設けることがしばしばみられ、株も呉服・木綿の両問屋株を持った。木綿問屋は白木綿を仕入れると江戸で染加工し、小売商に卸すことを主として行なっていた。丁吟が仕入れるような木綿・絹綿交織の各種織物は、これまで呉服問屋があつかっていた諸織物と、素材は違うが似たような感じの物が多くあり、そういう点では丁吟は呉服問屋・木綿問屋というよりは織物問屋と呼ぶにふさわしい。近代になると大手呉服問屋の一部はデパートに変貌し、他は丁吟と同じく織物問屋となっていくのである。

販売圏の性格

こうして関東や東海地域産の織物を直接仕入れ、京都の呉服物とともに売りさばく丁吟が、江戸の呉服問屋・木綿問屋から仲間外商人として摘発されず、天保二年（一八三一）江戸店開店後も順調な発展をみることができたのはなぜであろうか。このころ、旧来の問屋層は多かれ少なかれ営業不振に直面しており、仲間外商人の摘発に懸命になっていたのだった。

その理由のひとつとして、丁吟の販売先が旧来の問屋層と競合しなかったことがあげられよう。江戸店開店後の丁吟の売掛けは、行商当時からの遠州・駿州・相州とともに、浦賀より房州までとか、沖津《(興か)》より千葉まで、木更津より房総八幡まで、上総勝浦より八幡まで といったように、海岸に沿って漁村・農村地域に増えている。時には伊豆下田・八丈嶋への売掛けさえある。また、下総・常州とか、千住より境川岸まで、府中より八王子までと、江戸周辺ではあるがこれまであまり旧来の問屋層が取引していたとは思えない地域や、街道筋の開発に乗り出したらしい様子がみられる。

これまで呉服問屋・木綿問屋と取引していたのは、城下町や主要街道に面した大きな町の有力商人たちであり、新規の取引先を持つことに旧来の問屋層は警戒的であった。売掛けが焦げつき、年賦証文に切りかえることがしばしばあったが、それに代る新しい販路を求めるという積極性はほとんどみられない。丁吟の狙ったのは、旧来の問屋層が相手にしなかった農村・漁村を周辺に控える在町《ざいまち》や、脇街道沿いの小さな町々であった。ただし実用向き一点張りというのではなく、縞・柄などを織りこみ、晴着にも使えるような反物・帯などを実際に持ちこんでの商売である。主要街道の大きな町や江戸にでも行かねば仕入ができない在町の商人にとっては、丁吟の行商商法はまことに有難いものに思えたであろう。十九世紀に入ると貨幣経済が農村のなかに浸透していき、衣類に対する購買意欲は庶民層のなかでたかまりつつあった。丁吟のあつかう商品は、まさにこれにこたえるものであったが、その販売圏が旧来の問屋層と競合しないため、敵視されるにいたらなかったのであろう。

京店の開設

天保十二年（一八四二）十二月、幕府は天保改革の一環として株仲間解散令を発した。問屋仲間はこれまでの流通独占の特権を失い、問屋と称することも禁じられた。販売に関しては問屋層と競合しないとはいっても、江戸府内にも顧客はあったし、仕入先である足利・高崎・八王子などでは呉服問屋も仕入を行なっていた。もし問屋仲間による取締りがいっそう強化されたならば、早晩衝突はまぬがれなかったであろう。京都では天保三年に丁吟と関係の深かった星久松居久左衛門の京店《きょうだな》近江屋久次郎と笹屋喜兵衛が、京都糸絹問屋仲間から糸絹類の直売買《じきばいばい》をしたと訴えられた。星久は商品を没収され、四三五〇両もの損害を受けている。江戸でも油断はできなかった。

しかし解散令により、問屋仲間の摘発をうける恐れはなくなった。といっても丁吟の営業成績がこれ以後格段に伸びたというわけではなく、それ以前からの順調な発展ぶりがそのまま継続していったようにみえる。仕入・販売ともに江戸店の従来の路線が変わった様子はなかった。

ただし、天保十四年には同じ江戸堀留二丁目に綿店を開設した。営業種目は、繰綿問屋・弓弦《ゆみづる》問屋・真綿類・綿打道具商売である。弓弦は綿弓《わたゆみ》（綿打ち弓）のものであろう。木綿織物の原料である繰綿は前述したように十八世紀までは大量に大坂から畿内に運ばれ、繰綿問屋の手を通じて東国一帯に供給され、関東でも繰綿が生産されるようになると、それも江戸の繰綿問屋があつかったのである。綿店はこれら繰綿関係の問屋として発足したのだった。

一方、それまで出店をおかずに、宿屋泊りで呉服仕入や、仕上加工の職人への注文などを行なっていた京都への進出を、株仲間解散を機に実現することになった。天保十三年九月、丁子屋吟三郎を店名前とする京店が京都六角通柳馬場堀之上町に開かれる。吟三郎は初代吟右衛門の甥で、二代目吟次郎となった亀吉の弟であり、後に小林本家源左衛門を相続したが、京店はその名義を借りたものと思われる。

ただしこの丁吟京店は他の呉服問屋の京店・仕入店と大きく性格が異なっている。江戸の大店呉服問屋は京都に本店・仕入店・京店を置いており、京都西陣産の高級織物を仕入れると同時に、関東・北陸など各地の平絹類を京都で練《ねり》・染《そめ》・張《はり》といった仕上加工をほどこすのである。さらに湯のしをかけたり、場合によっては江戸からの注文に応じて仕立もするのであって、これら各種の職人を呉服問屋は京都で出入させていた。

このような仕入・加工の機能を丁吟の京店がまったく持たなかったわけではない。嘉永四年（一八五一）の家業調べにあたり、丁吟京店は呉服太物・生糸直売買捌《さばき》・生絹直売買捌・紅花《べにばな》直売買捌・染物悉皆《しっかい》の五業種を開店以来の家業としていると答えているが、このうち呉服太物・染物悉皆は旧来の呉服問屋が京都で行なっていたものである。すなわち、呉服物や木綿・麻織物を仕入れ、染物そのほか仕上加工のすべてをする悉皆業の機能を持っていたのであるが、同時に生糸・生絹・紅花といった関東・東北産の商品を買入れ、売りさばくというのであって、これは江戸店のためではなく、京店独自の営業といえよう。こうした他の呉服問屋とは異なる性格の京店を開設したことは、後の丁吟の発展に大きく寄与したのである。

江戸問屋諸仲間への加入

嘉永四年（一八五一）三月、幕府は問屋仲間再興令を発した。ただし、解散令以前のように冥加金を上納させて株数を固定するような仲間ではなく、解散令後一〇年をへた現状に応じて問屋仲間の再興を認めることになった。解散令まで閉鎖的な株仲間として特権を誇り、解散令が出ても実質的には仲間を温存していた木綿問屋などは後にのべるようになかなか新規加入を認めなかったが、幕府の方針もあり丁吟はいくつかの仲間に入った。

江戸ではまず嘉永四年七月に呉服問屋仲間に加入した。呉服問屋は越後屋（三井）・白木屋・大丸屋のような大店《おおだな》もあったが、呉服という商品の性格からくる卸と小売を兼ねた営業のあり方からいって、あまり規模の大きくない店も少なくないため、解散令以前でも仲間内の交代が激しく、冥加金も五五株で五〇〇両であった。問屋仲間再興にあたって、以前仲間外商人として摘発された中小呉服問屋をふくめ、元組・仮組が成立したが、丁吟は元組に加入している。

翌嘉永五年三月には糸問屋仲間に入った。これは生糸をあつかう問屋で、幕末の開港による貿易がはじまるまでは、江戸の糸問屋の営業規模は小さく、解散前の糸問屋仲間は二一株、冥加金は五〇両という、菱垣廻船積問屋仲間のなかでも下位に属する存在だった。丁吟京店が生糸をあつかっており、その取引先が関東・東北地方であったためか、江戸店も再興後の糸問屋仲間に加入したのであるが、この生糸取引に関係していたことが、貿易開始後大いに有利に働いたのである。

このほか、嘉永四年中には木綿問屋仮組・繰綿問屋仲間に加入、嘉永六年に丸合組紅白粉、文久元年（一八六一）には三組両替と諸種の仲間に入っている。木綿については仮組から白子組に移るが、これについては後によりくわしくのべてみたい。また、丁吟は文政期から紅花仕入を行なっており、文政期、小田苅の屋敷内には紅屋稼業のための製造場を設けていた。京都の職人を雇って、紅花から紅色染料を作った時期もあったのである。その後も紅花の仕入が京都でなされており、京店もその営業種目のなかに紅花直売買捌をあげていた。江戸でもこれに呼応して、紅問屋の仲間に加入したのだった。両替仲間加入は後述する両替業務の開始と関連する。

このほか、江戸へ近江産の晒布類を持下る旅商人の仲間が文化期からあったが、嘉永六年には江州持下り商人仲間の「江戸講」一〇人のなかに、小田苅小林吟右衛門の名がみられるようになった。

木綿問屋仲間加入　現状に応じて問屋仲間の再興を認めるという幕府の方針は、まず江戸で実施された。町奉行所は、旧来の問屋仲間についてその由緒や構成員を調査する一方、新しく仲間加入を希望する者を申し出させた。旧木綿問屋仲間には大伝馬町組と白子組の二組があったが、大伝馬町組は大伝馬町一丁目に店を出している伊勢店中心の仲間で、木綿の卸を専業としており、新しく加入するには困難なところから、新規加入希望者は、呉服・小間物などとともに木綿もあつかっている店で形成した白子組を目指すことになった。

町奉行所への白子組加入希望者は当初六〇名におよんだ。そのなかには、もちろん丁子屋吟次郎もふくまれている。ところがこの六〇名に対し、町年寄館市右衛門から、問屋仲間に入ると船手出金その他諸費用がかかり、後悔することもあろうと脅され、四四名が加入願を取下げてしまった。旧問屋側に関係の深い町年寄は、必ずしも町奉行所とは同じ考えではなかったようである。

丁吟をふくむ残り一六名に対し、町奉行所は株仲間解散後一〇年間の仕入高調査を命じた。もっとも一〇年分書出したのは二名だけで、丁吟は六年分を報告した。一六名のうち、一年平均で最高額を示したのは、野州宇都宮に本家のある佐野屋長四郎で、二万一三六七両の仕入高である。二位は近江商人松居屋久左衛門、一万二七二一両であった。丁吟は九位、五七八一両である。この調査にあたり、各店は下り木綿と地廻り木綿とを分けて仕入高を書出している。ここでいう下り木綿は、大坂や東海地方から廻船によって運送されてくる木綿を意味し、旧来の木綿問屋によって仕入れられる比重の高いものであった。これに対し、地廻り木綿は前にものべたように、十八世紀に入って生産量が増したが、それをさかんに仕入れたのは仲間外商人たちだった。ただし、白子組加入を望んだ新問屋一六人は、船手出金などがかかることも覚悟で申し出ただけあって、下り木綿と地廻り木綿の比率を見ると、大半が下り木綿を多く仕入れている。そのなかで五〇%をこえる地廻り木綿の仕入率を示すのは三人であり、その最高は丁吟で、八三・七%である。六年間で下り木綿を五六四七両仕入れたのに対し、地廻り木綿は二万九〇四二両仕入れている。二位は仕入総額最高の佐野屋長四郎で、地廻り木綿の占める比率は七五・八%であった。

町奉行所はさらに加入願を取下げた者の仕入高調査を行なった。書上げを提出した三四名は、前の一六名とは異なり、下り木綿を仕入れている者はわずか四名で、そのうち地廻り木綿の比率が四一・四%と半分以下の者は一人しかいない。ほとんどが地廻り木綿のみをあつかっている中小問屋であった。

こうした調査にもとづき、白子組には旧来の一〇名以外に佐野屋・松居の二名が加わることになった。白子組所属の旧問屋は白木屋・柏屋・越後屋・大丸屋・恵比寿屋など名だたる大店ばかりであったが、ここに十九世紀に入ってから江戸店を開いた二軒が加わることになったのである。これはできるだけ新興の者も仲間に組入れようとする幕府の意向によったものであり、これら元組に加入が無理とされた中小問屋は仮組という名称でやはり仲間を結ばされた。二回の調査に応じた者は、元組加入の二人を除いてほとんどが仮組に参加することになり、丁吟もまたその一軒であった。町奉行所では、仮組所属の者も仕入高を増やすよう努力せよと督励し、問屋並みの荷高を引受けるようになれば元組へ加入させるといった姿勢を示した。

旧来の問屋層はこの幕府の方針に反発したが、仮組が地廻り木綿問屋といった別の仲間結成を願うかもしれないという恐れもあり、他営業の問屋仲間も木綿と同じような方針で次々と元組・仮組結成がなされたことから、長文の意見書提出にとどまった。ただし、元組・仮組の名前を列挙したうえ、これ以外の問屋とは取引しないこと、その地でこれらの江戸問屋に出荷する商人は買次仲間を結成すべきことなどを木綿仕入先各地へ連絡している。幕府の強い態度に、旧問屋層は仮組も問屋仲間であることを認めたが、生産地・集荷地から江戸の問屋にいたる流通経路は確保することを望んだのであった。

こうして丁吟も仮組の一員として問屋仲間に列することになったが、仕入高が増加したため万延元年（一八六〇）には仮組から白子組に移っている。ただし、二代目吟右衛門（亀吉・二代目吟次郎がさらに吟右衛門を襲名した）は、仮組なら気楽であるのに白子組へ加入したのは「面白からず」とあまり賛成ではなかった。繰綿問屋株についても持つことを好まず、後に親類筋の者を別家に立て、これに譲っており、必ずしも主人は問屋仲間加入を望んだとはいえないが、江戸店の営業規模拡大は諸仲間加入を余儀なくさせるほどになっていたのである。

厳しい店掟　初代吟右衛門は五十歳で商営業からは隠退し、文政十年（一八二七）・十一年には小田苅村の庄屋を勤め、安政元年（一八五四）に七十八歳で没した。寛政十二年（一八〇〇）に生まれ、七歳で本家から叔父吟次郎の養子に入った二代目は、江戸店・京店・大坂店の開設、両替商の開始を実現し、最盛期の丁吟を主導した。三代目は養子であり、吟右衛門を襲名しないまま安政二年に没したため、その実子が慶応三年（一八六七）に家業を継ぐまで二代目が当主の座にあったのである。

この二代目吟右衛門のもとで諸種の店掟《たなおきて》が定められた。文久元年（一八六一）当時の各店店員数は、江戸店四三人、京店一〇人、大坂店九人、本店三人であり、総数では六五人の店員がいたことになる。遠く離れた出店がそれぞれ独自の働きをすると同時に、互いに連繫して動かねばならない営業内容でもあったから、諸店・奉公人を統轄する本店・主人の機能は重要であった。

主人である小林家当主は近江本店に居住し、年に一度ずつ諸店を見回る。江戸店には支配人がおかれ、嘉永元年（一八四八）からは最高役職の後見支配人二人が半年ずつ江戸店・京店に入れ代って勤めた。出店の営業はこの後見支配人に任されており、主人が見回りに行ってもあまり長居をしてはいけないと店掟の条目のなかに書かれている。その点では後見支配人の権限は大きいといえるが、こと人事に関してはすべて本店の主管するところであった。解雇はもちろん、昇進・登《のぼ》り（長期休暇）などすべて主人に伺ったうえでなければならない。たとえ後見支配人であっても主人の意思に背く者があれば解雇することがあるとされた。

ただし主人もまた、規定を守らねばならなかった。主人の生活費などへのあてがいは金額が定まっており、それ以上はいささかの立替金であっても店から主人が借金した形となった。貸借関係の証文には主人ひとりで判をついてはならず、もし主人だけの判で借金した場合には店と関係ないものとされた。もし先祖からの掟を破り、不埒《ふらち》・不法の所業があった時は、所持品や手回りの物まで取り上げ、親類や後見の者立合いのうえで隠居押込めとし、子孫に代替りさせるというのであって、主人が勝手なことをしないよう歯止めがなされている。

後継者となる主人の息子も厳しく鍛えられねばならなかった。十三歳から十五歳までは丁稚《でっち》同様の店勤務につき、十六歳の元服後五ヵ年間の見習期間がある。それを終えてはじめて父同様店務万端を指図する地位につけるのである。ただし、幼年のときから召仕同様にしてきたため、自然と店内で軽くみなす者が出るおそれがあるので、後見支配人は注意しなければならないとされており、帝王教育として注意を払うことが求められていた。

店掟は仕入・販売の仕方や客への応待、生活上の諸注意、登りなど細かな点にまでおよんでいる。たとえば客から呼ばれたらどんな用事があってもすぐに答え、両手をついて返事をすること、どんなに店の用事で忙しくとも、直接客の用向きを断ることはけっしてしてはならない、いったんは受けてその掛りの者にその旨を話し、本人がどうしてもできない場合には掛りの者から客に断り、ほかの者に用向きを勤めさせるようにといった調子で、具体的な諸注意が書きつらねてある。

奉公人は勤めはじめてから二〇年はたたないと世帯を持つことは許されず、それまではすべて店内での明け暮れである。交代で起番＝不寝番を勤めることになっており、夜分は半時（一時間）ごとに見回りをしたので、夜遊びに抜け出すことなどはできなかった。店務で外出しても、用向きのすみしだいすぐに帰店すべきであり、途中で店内についての話などけっしてしてはならない、また用もないのに二階裏・蔵などに行ってはならないとされた。遊芸を好んだり、軍書本・諸本などを読むことも禁じられた。手すきの折や、夜分用向きが終った後もより集まって雑談などしてはならない、それに代ってそろばん・手習に精を出すようにというのである。

こうした勤務・生活に我慢できず、家出して在所に帰ってしまった者が近江で本店勤めを願うようなことがあっても、再勤はいっさい許されない。故郷に帰れるのは何年かに一度の「登り」と呼ばれる長期休暇の時だけであり、それ以外は親族に会うこともなく、店掟に従って昼夜とも店内で起居すること二〇年をへたうえではじめて世帯を持つことが許されたのだった。

金方の活躍

江戸店開設当初、丁吟の営業内容は各種織物をあつかう業態を中心としていた。そして経理的な側面でも江戸店勘定と近江の本店勘定は合体してなされていた。しかし、天保十年（一八三九）になると両者は分離されるようになる。さらにその翌年から、江戸店内部の経理は呉服方（商内方）と金方《きんかた》（為替方）の二つに分かれた。呉服方は商品取引部門であり、金方は金融部門として金銭貸付、為替手形の取扱い、預り金、貨幣売買などを担当した。本店は江戸店の呉服方に元手金としてそれまでの勘定残高を出資し、定額の上納金を課すと同時に、金方にも預け金を行なう。金方はこれを資本とし、呉服方に融通したり、外部への金融活動を行なうのであるが、これも呉服方同様本店から上納金を課せられた。本店は江戸店・京店を統轄し、丁吟全体の資産の維持・管理・投資を担当するが、具体的な活動の中心は金方業務であった。

江戸店内部で嘉永元年（一八四八）には呉服方売上高が五万二四一六両であるのに対し、金方入金額は六万九二八一両とそれを上回っており、その後両部門の差はますます大きくなった。特に後述する開港後の状況のなかで、金方は飛躍的な発展をみせるのである。江戸・本店だけでなく、京店においても金方業務が重要となり、江戸店金方と本店金方を結ぶ役割を果たすようになった。

また、文久元年（一八六一）二月には両替業を営業種目として、丁吟大坂店を安土町二丁目に開設した。ただし、後述する大損失のため同年十一月には閉店を余儀なくされたが、短時期であるとはいえ丁吟は三都に両替業を営む店を持つにいたったのである。

金方の金銭貸付は、多く三都の商人・両替商、近江や関東諸地域の商人層などに対してなされたが、彦根藩関係への貸付もあった。小田苅村は彦根藩領内にあり、丁吟の経営が大きくなるにつれ、江戸藩邸とも関係するようになって、犬塚源之丞・宇津木対馬・荒木儀太夫など藩主側近をもふくむ家中の者や、彦根太物会所へも貸付けている。

一方、預り金は本家近在の人びとや講の掛金・奉公人給金など私的なものとともに、彦根藩・京都御役所の公金を預る場合もあり、利子率は一般的に低利で、なかには保護預り的な無利息のものもあった。

安政期以降、貸付のなかでもっとも大きな金額を占めるようになるのは京都の両替商伊勢屋藤兵衛（伊勢藤）である。安政五年（一八五八）には伊勢藤への貸付は一万両をこえ、その他京都・大坂の両替商へも貸付けていた。後述する開港以降の金貨価値騰貴にともなう貨幣売買にからみ、伊勢藤への貸借差引勘定は万延元年（一八六〇）には金四万七五〇〇と銀二二一貫目の貸付、古赤（天保二朱金）一万四五〇〇両の借入となっている。他の両替商との貸借勘定は三〇〇〇両をこえていないなかで、異常ともいえる片寄りぶりであった。

ところがこの京都の本両替商伊勢屋藤兵衛は、文久元年（一八六一）十一月に倒産してしまった。小林吟右衛門一二万七〇〇〇両を筆頭に、松居久右衛門一一万五〇〇〇両、外村市郎兵衛三万七〇〇〇両、外村久左衛門三万五〇〇〇両、小泉新助二万二〇〇〇両、市田太兵衛二万両といった大口の預金者が近江商人に多く、愛知郡・神崎郡内三四人では四七万二四二〇両の巨額が伊勢藤に投ぜられていたのである。丁吟はこの大損失をこうむったのであるが、文久三年の決算ではこの不良債権を勘定外として引落してしまった。このため、資産額は一時急激に減少したが、それにもかかわらず明治期にかけて資産増加率は以前にも増して上昇していく。この間、呉服店の推移はほとんど横ばいであったから、資産増加をもたらしたのは金方の活動によるものといってよい。

開港と丁吟

嘉永六年（一八五三）のペリー来航、翌年の日米和親条約締結、安政五年（一八五八）の日米修好通商条約につぐオランダ・ロシア・イギリス・フランスとの条約締結とそれにともなう開港、貿易という新しい事態に日本は直面することとなった。これは新興商人丁吟にとっても新天地を開くこととなったのである。

前にのべたように、幕末期における丁吟呉服方の勘定は横ばいであり、金方の急激な成長とはくらべ物にならないが、この時期に旧呉服問屋は営業不振に悩み、なかには出店の閉店・統合などをはかるものもあったなかで、横ばいの状況というのは評価されてよい。

横浜貿易の花形は生糸であり、万延元年（一八六〇）～慶応元年（一八六五）の五年間に、生糸輸出高は五・六倍となり、横浜の全輸出高のなかで生糸の占める比率は六五～八六％という高率を示していた。丁吟は江戸店・京店を通して開港以前から生糸取引を行なっており、江戸では糸問屋仲間、京都では和糸問屋仲間に加入していた。嘉永元年、二年ごろの江戸店の仕入高のなかで、生糸の占める割合は二一％余であり、金額では二万両前後におよんでいた。京店の生糸仕入先は上州・奥州・甲州など東国であり、これを京都や丹後などの織物生産地に販売していたのである。

こうした素地があったので、横浜からの生糸輸出が有利となれば、商品取引を行なう呉服方のなかで生糸の比重が高くなっていくのは当然である。元治元年（一八六四）に幕府が生糸値段暴騰への対策をはかるため、生糸取引と関係ありそうな九軒の大店を呼出した。

このなかには、三井・大丸屋・白木屋・柏屋・井筒屋・槌屋・布袋屋といった旧来の呉服問屋とともに、丁吟・松居の二軒がふくまれていた。三井は糸店という生糸専業部門を持っていたが、他の呉服問屋は呉服専業であるとか、呉服兼生糸営業であって生糸のことはよくわからないと逃げてしまい、仕方なく三井・松居・丁吟の三軒で返答書を提出したと三井の史料は記している。幕末期の丁吟が生糸貿易にかかわり、高利を得ているというわさが飛び、京店に浪士が乱入したり、丁子屋吟三郎などに天誅を加えるとの張札が三条大橋に出るということさえあった。

しかし呉服方以上に金方に与えた開港の影響は大きかった。江戸店・京都店金方は為替手形をあつかっていたが、開港後には山城国の茶業者と江戸の茶問屋とを結ぶ為替手形が多くみられるようになる。生糸につぐ輸出品として茶が横浜に向け出荷されるようになり、丁吟金方は為替手形を通じてこれと関係したのだった。

丁吟金方は開港前から古金銀売買を行なっていた。二代目吟右衛門は安政元年（一八五四）五月ごろ、江戸店に向け金売買をするよう指令している。これは金銀相場を見はからってやらねばならず、一種の投機であり、この時点ではあまり利益は見こめず、場合によっては大損となる可能性さえあった。

ところが開港にともなって外国から多量の銀貨が流入するようになってから、貨幣事情が大きく変化した。当時、日本国内の金銀比価は一対五程度であったのに対し、海外では一対一五と、金の銀に対する価値が高かった。そのため、外国から銀貨を持ちこみ、日本の銀に換えたうえ金貨と交換し、海外に小判や一分判などを持出せば巨大な利益を得ることができた。このため、金貨の大量流出と物価騰貴という現象が起こり、幕府は貨幣改鋳に踏切らざるをえなくなった。

この貨幣改鋳の情報を、丁吟はいちはやくキャッチすることができた。彦根藩主である大老井伊直弼の謀臣であり公用人をつとめた宇津木六之丞は、政治的活動資金の出納を丁吟を介して行なっており、安政六年当時引替が困難となっていた洋銀（ドルラル銀）を、丁吟は宇津木から勘定方に掛合ってもらい、銀座役所で引替ることができたほど密接な関係にあった。悪貨への吹替えとなれば、当然良貨である古金の高騰は見こまれるところであり、保字《ほうじ》小判・保字一分判などを銀貨で買取ること、洋銀を買集めて銀座役所で国内銀貨に引換え、金売買の資金にすることなどを安政六年から金方の活動として行なっていた。翌万延元年正月には、保字小判は一〇〇両につき三三七両二分、同壱分判は一〇〇両につき三二五両に通用する旨の触が出され、二朱金・二分判・壱分銀などに対しても、いずれ割増通用が布達されると見こんで、一〇〇両につき一二〇〜一三〇両で取引されるという状態であった。特に「赤」という符牒で呼ばれた天保二朱金の相場は大変動をしており、こうした金貨相場の高下に応じて投機的な売買活動がさかんに行なわれた。丁吟金方は本店・京店・江戸店相互で情報交換をすると同時に、現物取引をともなう活発な売買活動を展開し、これによって飛躍的に資産を伸ばすことができたのである。もっともこの狂気じみたともいえる貨幣取引は、安政六年六月から万延元年四月にかけての改鋳、新貨通用によって沈静していった。一方、丁吟は、その翌年に伊勢藤が倒産したため、せっかく積み上げた巨富をまたたく間に失うという羽目にいたるのである。近代に入っても金方の活動はつづけられたが、銀行業などに転じることなく、現在も衣類関係が主要な業務となっている。

江戸時代の人・モノ・カネ・情報――エピローグ

十七世紀後半から幕末にかけての江戸と上方の関係は商品流通の側面に限れば、人・モノ（商品）・カネ（資本）・情報の四点からみてきわめて強い結びつきがみられる。

人　人の面では上方と江戸との問屋同士、上方におかれた本店・本家居住の主家の人びとや首脳陣と江戸店の支配役以下の奉公人たち、彼らを結びつける役割を果たした商人・輸送業者たちが時代により変化しながら登場する。幕府や藩にしばられた武士層と異なり、庶民の大部分を占める農民層と関連を持ちながら広く動き回ることも可能であった。

モノ　これらの人びとは、商品というモノを扱うことを営業の主体としていた。支配層である武士や公家《くげ》たちへも商品を売りこむが、利益をあげられる機会はだんだん少なくなり、政商としてもてはやされてもその生命は短い。豪商としてのし上っていくのは、人口の大部分を占める庶民層を対象とする商人たちであり、そのあつかい商品は段階に従って変化していく。十八世紀前半と十九世紀中葉の著しい変化には驚かされる。しかも、十九世紀に入ると醤油や関東織物は西国へ進出するようにさえなるのである。上方と江戸とのモノ（商品）の流れも、生産地の状況と消費者の需要という両末端の動きに合わせて細かくみていく必要がある。

カネ　商品の動きは貨幣の動きと裏腹《うらはら》になっているし、店を新しく設けたり輸送にも資本が必要である。最初にカネを出すのが誰であったのかも時代によって違っている。年貢を一方的に吸い上げている武士層が貨幣を大量に貯え、商人がこれに売りこむというパターンを人びとは考えるかもしれないが、広大な屋敷や壮麗な城を構え、豪華な衣裳をまとった高級武士層はほんのひと握りであり、しかもその費用が必ずしも支払われるとは限らなかった。生産の大部分が農民層によっていることから、そこから生み出される富をどの階層が握り、それらが商人層にどう移るかによって、商品流通に割《さ》かれる貨幣額が変動する。江戸時代は基本的には幕府が統轄した金・銀・銭の三貨が全国に流通したから、これらを媒介に上方と江戸は結びつけられた。もっとも銀貨中心の上方、金貨中心の東国であったため、両者の関係は変動的であり、さらに庶民生活は銭貨に頼ることが多かったから、カネに関しては慎重に時代変化に沿って取り組む必要がある。

情報　現代のように情報をあっという間にやり取りすることはできなかったが、江戸時代の人びとは筆マメだった。三井関係の史料が戦前から集められ、公開されている三井文庫（東京都中野区上高田五丁目）の厖大な史料のなかにふくまれている各店を結ぶ書状群には驚嘆の声をあげざるをえない。また本書を書くにも書状が大きな役割を果たしている。もちろん江戸と上方を往来した人びとが話したことも情報源であり、帰郷した人びとが語った諸事項が覚書風に記されて史料として遺った場合もある。

日記を丹念につけた庶民たちもおり、特に旅日記は男女ともに記している。ただ流通をあつかってきた私にとって、その最末端の庶民生産者と、多数の庶民消費者の状況を示す史料が少ないのに悩まされる。ただし、上方と江戸を結ぶ書状はまだ読みとられていないものが多数あり、そのなかには町や村の様子ものべられていることが多いので、情報として活用できる部分が少なくない。

あとがき

本書出版にあたり、最近考えるようになったことを最後にのべてみたい。約四〇年間、日本経済史研究者の端くれとして生きてきた者として、これからのあり方に次の意向を持っている。

(1)　自分の足で集めた史料をもとにして論文集を何冊かまとめたい。幸いに研究者仲間のご甚力で、近世の流通についての旧稿を一冊にまとめ、最近出版することができた。若い時に大学・図書館・史料館などに接し、地方調査に出かけることが多かったので、その時に史料筆写したものをほとんど保存している。まだ論文として発表するまでにいたっていないものもあるが、今の体力ではまとめることが難しいので、まず旧稿を分野別に整理しようと思っている。

(2)　これら論文集に使用した近世・近代史料を、諸種の手段で活字化して出版したい。

私の論文は現在の立場から書いているため、検証するには後世の人びとには刊本の史料集が必要であろう。

(3) 前者二種類だけでは研究者や特殊な関心を持つ人だけの狭い世界に閉じこめられてしまう恐れがある。経済史を含め歴史上の事がらを、多くの人びとに読んでいただけるよう、かみくだいた表現で一般向けの著書を出版したい。

前の二者は私自身の努力で可能な面はあるが、この三点目の希望はそのような場を設けて下さる出版社がなければ難しい。この度、吉川弘文館編集部から「歴史文化ライブラリー」のなかに本書を加えて下さるというお話があり、恐縮した。以前西山松之助先生を中心とするグループで、「〈江戸〉選書」全一〇冊を吉川弘文館から出版し、私も八冊目の『江戸店犯科帳』（一九八二年刊）で仲間に入れていただいた。その後第二回目の選書企画があり、白木屋彦太郎その他の一部原稿は渡してあったが、校務・学会業務や各地方自治体史・社史などに逐われたうえ病身となり、選書企画も進まなかったし、多分原稿は消えてしまっただろうと思っていたのである。

ところが、きちんと吉川弘文館では保管しておられ、あと少し書き足せば一冊になるからとのお話で、最近の私の考えで再構成して本書刊行の段取りとなった。ここにあげた

「点と線の商品流通」、「網の商品流通」、「面の商品流通」はすべて私の造語で、ここ数年使い始めたものであり、奇異に感じられる方もおありだろう。その意味は本書内でのべているのでご了解願えれば幸いである。

最近私の周辺では、明治・大正期から十五年戦争、さらに戦後にかけての掘り起こしがいろいろな形で行なわれ、それらをどのように後代の人びとに遺さねばならないかが問われている。江戸時代についても、ほんの一握りの上級武家や公卿社会ではなく、数多くの庶民たちの生き方をもっと知りたいと思う人が多いだろう。しかし今まで庶民社会については史料が少ないだけでなく、研究対象としても特定の分野に限られていたといえよう。日々の生活やそのなかでの変動をきめ細かく跡づけるという試みをこれからもつづけたいと思っている。

本書が出版できたのは、粘り強く励して下さった吉川弘文館編集部の方々のご厚意があってのことと、改めて感謝の意を表したい。

二〇〇〇年十二月

林　玲　子

著者紹介

一九三〇年、東京都に生まれる
一九六五年、東京大学大学院経済学研究科博士課程修了（経済学博士）
現在、流通経済大学名誉教授

主要著書

江戸問屋仲間の研究　商人の活動　近世の市場構造と流通　醤油醸造業史の研究〈編著〉　近世・近代の南山城〈編著〉

歴史文化ライブラリー
112

江戸と上方
人・モノ・カネ・情報

二〇〇一年（平成十三）二月一日　第一刷発行

著　者　林《はやし》　玲《れい》　子《こ》

発行者　林　英　男

発行所　株式会社　吉川弘文館
東京都文京区本郷七丁目二番八号
郵便番号一一三―〇〇三三
電話〇三―三八一三―九一五一〈代表〉
振替口座〇〇一〇〇―五―二四四

印刷＝平文社　製本＝ナショナル製本
装幀＝山崎　登

歴史文化ライブラリー

1996.10

刊行のことば

現今の日本および国際社会は、さまざまな面で大変動の時代を迎えておりますが、近づきつつある二十一世紀は人類史の到達点として、物質的な繁栄のみならず文化や自然・社会環境を謳歌できる平和な社会でなければなりません。しかしながら高度成長・技術革新にともなう急激な変貌は「自己本位な刹那主義」の風潮を生みだし、先人が築いてきた歴史や文化に学ぶ余裕もなく、いまだ明るい人類の将来が展望できていないようにも見えます。このような状況を踏まえ、よりよい二十一世紀社会を築くために、人類誕生から現在に至る「人類の遺産・教訓」としてのあらゆる分野の歴史と文化を「歴史文化ライブラリー」として刊行することといたしました。

小社は、安政四年(一八五七)の創業以来、一貫して歴史学を中心とした専門出版社として書籍を刊行しつづけてまいりました。その経験を生かし、学問成果にもとづいた本叢書を刊行し社会的要請に応えて行きたいと考えております。

現代は、マスメディアが発達した高度情報化社会といわれますが、私どもはあくまでも活字を主体とした出版こそ、ものの本質を考える基礎と信じ、本叢書をとおして社会に訴えてまいりたいと思います。これから生まれでる一冊一冊が、それぞれの読者を知的冒険の旅へと誘い、希望に満ちた人類の未来を構築する糧となれば幸いです。

吉川弘文館

〈オンデマンド版〉
江戸と上方
人・モノ・カネ・情報

歴史文化ライブラリー
112

2017年（平成29）10月1日　発行

著　者　林《はやし》　玲《れい》子《こ》
発行者　吉川道郎
発行所　株式会社　吉川弘文館
〒113-0033　東京都文京区本郷7丁目2番8号
TEL　03-3813-9151〈代表〉
URL　http://www.yoshikawa-k.co.jp/

印刷・製本　大日本印刷株式会社
装　幀　清水良洋・宮崎萌美

林　玲子（1930～2013）

ISBN978-4-642-75512-2